LE MEXIQUE

L'AMÉRIQUE DU NORD ET L'EUROPE

PAR

H. MERCIER DE LACOMBE

PARIS
CHARLES DOUNIOL, LIBRAIRE-ÉDITEUR
RUE DE TOURNON, 29

1865

LE MEXIQUE

L'AMÉRIQUE DU NORD ET L'EUROPE

PARIS. — IMP. SIMON RAÇON ET COMP., 1, RUE D'ERFURTH

LE

MEXIQUE

L'AMÉRIQUE DU NORD ET L'EUROPE

PAR

H. MERCIER DE LACOMBE

Extrait du CORRESPONDANT.

PARIS
CHARLES DOUNIOL, LIBRAIRE-EDITEUR
RUE DE TOURNON, 29
1862

LE MEXIQUE

L'AMÉRIQUE DU NORD ET L'EUROPE

Lorsqu'au mois de novembre 1861 le bruit d'une expédition française au Mexique commença à se répandre, l'incrédulité fut générale; les plus indifférents pensèrent avoir mis enfin la main sur une invention des anciens partis, ces êtres malfaisants et pervers, ces auteurs perpétuellement signalés des embarras de la diplomatie, des perturbations du commerce, des souffrances de l'industrie, des inquiétudes de l'opinion. C'était le moment où M. Fould faisait ses courageuses et terribles révélations: plus de doute à avoir; à moins de résister à l'évidence, et même, ce qui pouvait être plus grave, à moins de résister au *Moniteur*, il fallait reconnaître dans notre budget l'existence d'un déficit d'environ un milliard. En dix années, de 1851 à 1861, une somme de près de trois milliards se trouvait avoir été dépensée sous forme de crédits extraordinaires et supplémentaires; somme énorme pour laquelle le vote posthume du Corps législatif avait été, comme le proclamait le sincère ministre, *presque illusoire;* somme dont la plus grande partie était dispersée au loin sur les rivages les plus divers, en Crimée, en Italie, en Chine, en

Cochinchine, en Syrie! Comment admettre que l'expédition du Mexique fût encore possible?

A mesure que la nouvelle acquérait de la consistance, l'étonnement redoublait, étonnement mêlé de quelque anxiété.

Cette expédition, que serait-elle? inévitablement laborieuse et coûteuse, fût-elle même réduite aux proportions les plus modestes. Le Mexique est dans des conditions stratégiques à part; il n'a pas de grand fleuve, comme le Mississipi ou le Potomac, le long duquel une flottille puisse balayer le pays et faire le chemin libre sur le passage des troupes dont elle porte les approvisionnements; il n'offre pas sur ses côtes de point maritime où il soit permis à une armée de dresser sa base d'opérations sous la garde de ses vaisseaux, car la fièvre jaune habite la Vera-Cruz. L'armée d'invasion devrait pousser plus avant, s'enfoncer avec ses malades, ses blessés, ses recrues, ses munitions de guerre et de bouche, dans l'intérieur d'une contrée qui a les pieds dans la peste et la tête dans les nues, atteindre péniblement par des routes mal frayées, sur des pentes très-roides, les hauteurs où règne un air salubre, établir son dépôt en lieu sûr, puis se diriger vers la capitale, et avoir assez de soldats pour maintenir ses communications à travers une immense étendue de territoire. C'était donc une série presque indéfinie de dépenses, s'ajoutant à toutes celles qu'avait dénoncées avec tant d'éclat M. Fould; et cela, pourquoi? Quel besoin urgent de donner un surcroît à toutes les ébauches et à toutes les ruines dans lesquelles notre politique est déjà engagée, depuis Pékin jusqu'à Turin et jusqu'à Rome, depuis Saïgon jusqu'à Constantinople et jusqu'à Beyrouth? Les intérêts de la France au Mexique paraissaient à première vue peu considérables; les créances que nous avions contre lui d'État à État, ne dépassaient pas 750,000 fr., et un chiffre de 20 millions représentait la valeur de nos échanges, importations et exportations réunies. Était-ce une simple réparation pour l'honneur de nos agents et la sécurité de nos nationaux, également lésés par un gouvernement indigne, que nous poursuivions? Un blocus, un bombardement, une indemnité auraient provisoirement suffi; et si nous exigions davantage, si c'était le renversement du gouvernement lui-même qui nous semblait nécessaire, nous entrions dans l'inconnu, nous étions sur le seuil de l'une de ces entre-

prises qui, aisées et simples au début, laissent bientôt apercevoir d'interminables difficultés.

En même temps, il était certains contrastes qui s'imposaient vivement à tous les esprits. L'expédition du Mexique aurait pour conséquence probable d'ébranler les institutions d'un peuple, peut-être d'amener sur l'emplacement d'une république l'avénement d'une royauté; et là, à nos portes, sous les coups de l'un de nos protégés, s'amoncelaient les débris des trônes les plus antiques, les débris du trône sacré qu'éleva Charlemagne au comble de sa gloire et que Napoléon Ier releva à l'aurore de la sienne! Elle allait vraisemblablement nous condamner à tenir garnison au delà des mers; et autour de nous, ce n'étaient que doléances sur les frais de cette occupation de Rome, qui même financièrement est avantageuse, et qui nous assure, pour une charge modique aux bords du Tibre, une économie sérieuse sur les rives du Mincio! Elle avait l'air d'être le droit d'intervention dans ce qu'il a de plus délicat et de plus contestable, le droit d'intervention appliqué aux affaires intérieures d'une nation; et sous nos yeux le principe de non-intervention, plus puissant que tous les traités, permettait au Piémont de se jeter sur ses voisins, d'écraser sous la supériorité numérique de ses bataillons la faiblesse d'autrui, de changer la patrie profanée de Balbo et de Rossi en une espèce de Mexique, moins moral que l'autre!

Nous ne saurions assez regretter qu'un débat public n'ait pas préalablement éclairé aux yeux du pays toutes les questions dont était grosse cette nouvelle expédition. C'est une grande avance pour le succès d'une entreprise que l'adhésion motivée de l'opinion; la confiance du gouvernement dans le résultat de la discussion qu'il provoque, atteste sa foi dans l'évidente utilité de la mesure qu'il propose. Il est juste d'ailleurs de le proclamer à l'honneur de nos assemblées délibérantes : les devoirs de la France au dehors ont toujours formé un de ces terrains neutres et supérieurs où se sont limités sans s'anéantir et concertés sans se confondre ces deux droits souverains, celui de faire la paix et la guerre, qui est le privilége du prince, celui de voter les contingents et les subsides, qui est la propriété du peuple. Ah! si le Corps législatif avait été immédiatement consulté, comme M. Fould nous a donné la confiance qu'il le serait désormais en pareille occurrence, quelque député aurait pu reproduire purement et simplement les graves considérations par lesquelles, le 31 décembre 1849, M. Rouher, alors garde des sceaux, parlant au nom du *ministère personnel* dont M. Baroche faisait partie, combattait jusqu'à la pensée d'une négociation armée avec Rosas, d'une immixtion militaire dans les démêlés de Montevideo et de Buenos-Ayres : « Ce qu'on vous propose, disait-il[1], c'est l'installation d'une autre Algérie à trois mille lieues de la France. Vous voulez faire une expédition qui sera nécessairement considérable, et, une fois engagés, vous ne voudrez pas vous retirer; alors vous serez pris, permettez-moi cette expression vulgaire, comme dans un engrenage qui attirera successivement et vos bataillons et vos flottes. Vous serez à trois mille lieues de la France! Demandez-vous si dans l'état de l'Europe, si dans l'état de la France, à peine convalescente de ses guerres civiles, vous voulez vous jeter imprudemment, et sans une nécessité évidente actuelle, présente à tous les yeux, dans les hasards d'une guerre pareille, à trois mille lieues! » Le ministre revenait encore, dans une des séances suivantes, sur cette dernière objection qu'il exprimait sous une forme plus saisissante : « Qui sait les périls et les mystères que réserve l'avenir? Et souvenez-vous alors de l'immense regret que nous aurions tous d'avoir engagé à trois mille lieues de la France une partie de notre armée et de notre flotte, qui serait coupée ensuite sur mer par l'impossibilité où nous serions de lui porter secours[2]! » Certes, ce que M. Rouher disait d'un accent si convaincu, retombe bien plus fortement sur ce qui se fait au Mexique! A la Plata, du moins, nos griefs comme nos intérêts[3], les facilités comme les bénéfices de l'expédition, étaient tout autres : nous avions à garantir d'une tyrannie conquérante et absorbante près de vingt mille de nos nationaux disséminés sur les deux rives du Rio, le bassin où se porte de préférence le flot de l'émigration française, le débouché le plus sûr de notre commerce, la libre navigation des

[1] *Moniteur* du 1er janvier 1850, p. 9.

[2] *Moniteur* du 6 janvier 1850.

[3] Tandis que notre commerce ne cesse de décliner au Mexique, il n'a pas cessé de croître dans l'Amérique du Sud : de 150 millions en 1850, il est aujourd'hui de 458 millions.

grands cours d'eau de l'Amérique du Sud; au lieu de nous ingérer dans les affaires intérieures d'une nation, c'était l'indépendance de la république Orientale, notre alliée, que nous protégions contre l'invasion de la république Argentine, notre ennemie; loin d'inspirer des soupçons hostiles aux États du voisinage, notre influence se trouvait raffermie au Brésil et au Paraguay, dont la cause était la même; d'après les calculs d'hommes comme M. Thiers et l'amiral Baudin, on venait à bout de l'entreprise avec une poignée de trois à quatre mille soldats; ils n'avaient pas besoin, pour découvrir la capitale, de traverser cent lieues de déserts et de montagnes, Montevideo est à l'entrée même du fleuve, et Buenos-Ayres sur ses bords, à une faible distance dans les terres; et enfin, si nous comparons l'Europe de ce temps-là avec celle d'aujourd'hui, qui oserait affirmer que l'horizon était plus sombre?

Mais le moment n'est plus de nous livrer à ces réflexions, l'expédition du Mexique est un fait accompli qui a déjà ses vicissitudes et son histoire.

Au départ des premières troupes, l'action combinée de l'Espagne et de l'Angleterre avec la France autorisait à penser que, dans les conférences diplomatiques qui l'avaient décidée, les moyens, le but, le caractère, les limites, la durée, toutes les éventualités de l'entreprise, avaient été minutieusement envisagées, discutées, déterminées. Cette espérance ne s'est pas réalisée. En débarquant à la Vera-Cruz, les trois corps d'armée n'avaient pas d'artillerie suffisante, pas de chariots de transport, pas d'objets de campement pour s'aventurer au delà; et cependant, sous peine d'être décimés sur place par le *vómito negro*, sous peine de voir leur prestige abaissé devant des bandes à qui cette immobilité semblerait mollesse ou peur, ils étaient impérieusement obligés de poursuivre leur route! Étrange situation de ne pouvoir ni avancer, ni reculer, ni demeurer! La convention de la Soledad ouvrait une issue, elle permettait à l'armée des alliés d'attendre ses renforts et de compléter son matériel sous un climat plus clément, à Orizaba, à Tehuacan, à Cordova. Alors autre contre-temps : arrivés à leur rendez-vous lointain, les alliés s'aperçoivent qu'ils ne s'entendent pas : les Espagnols et les Anglais se retirent. Les Français sont restés; trompés par leur courage, noblement oublieux de leur petit nombre, ils ont voulu achever à eux seuls ce qui avait été commencé à trois, force leur a été de s'arrêter devant les défenses naturelles de Guadalupe.

Une nouvelle expédition, plus considérable, a dû être ajoutée à la première, l'une et l'autre réunies compteront plus de trente mille hommes et coûteront plus de 100 millions. A l'heure où nous écrivons, nos soldats reprennent leur marche interrompue; ils repassent par ces plaines de Puebla, toutes couvertes d'un deuil héroïque; nul doute qu'au 1er janvier 1863 notre drapeau ne flotte à Mexico.

Nous n'avons donc plus à examiner si dans la crise persistante de nos finances, en face d'une Europe malade et d'un Orient agité, tout pleins à l'envi de semences de conflagration et de bouleversement, avec l'arriéré du passé, les complications du présent, les menaces de l'avenir, il était opportun d'aller au Mexique.

Un seul point nous occupe : cette expédition une fois engagée, avec quelle société, avec quels besoins et quels devoirs, avec quelle responsabilité en un mot la France est-elle aux prises?

I

Nous le reconnaissons tout d'abord : en principe, à un point de vue de politique générale, une grande œuvre peut être accomplie au Mexique, œuvre de conservation et de civilisation.

Le Mexique est merveilleusement doué, il est placé presque au centre du globe, à moitié chemin de l'Europe et de l'extrême Asie, entre l'Atlantique et le Pacifique; quand on a gagné ses premiers plateaux, on se trouve dans une nature incomparable. Sur un ciel perpétuellement rafraîchi par les brises que se renvoient les deux Océans, le soleil des Tropiques règne, il a perdu son accablante chaleur, et il n'a retenu que sa fécondité radieuse : le climat le plus tempéré engendre les cultures les plus variées; à côté du blé, de la vigne, de l'olivier, croissent le coton, le caféier, le cacaoyer, l'indigo, la canne à sucre, et, non loin de la liane sur laquelle se récolte la vanille, du nopal sur lequel vit l'insecte de la cochenille, s'élèvent le pin, le chêne, d'abondantes forêts qui seront quelque jour de vastes chantiers; la terre luxuriante épanche de son sein, que le travail de l'homme aurait besoin de fatiguer à peine, les productions des deux hémisphères. Comme si ce n'était pas assez de toutes les richesses dont la Providence a couvert cette contrée, elle a rempli des métaux les plus précieux ses profondeurs. Sur les 50 milliards auxquels on évalue la somme totale du numéraire en circulation dans l'univers, le Mexique passe pour avoir fourni à lui seul 20 milliards; il est surtout la patrie de l'argent, il en a durant trois siècles donné une moisson annuelle qui atteignait 100 millions, et, s'il faut ajouter foi aux témoignages les plus compétents[1], il n'aurait livré encore qu'une parcelle des trésors dont il regorge.

Le Mexique a reçu de Dieu une autre faveur, plus grande peut-être, il touche et commande à l'un des lieux les plus visiblement prédestinés du monde, l'isthme de Panama. Chose singulière! Il y a plus de trois cents ans, le premier empereur chrétien du Mexique, le monarque à qui il arriva de tenir presque en même temps captifs aux deux bouts de son royaume François Ier à Madrid et Guatimozin à Mexico, Charles-Quint, dans une lettre datée de Valladolid, enjoignait à Fernand Cortez de trouver le secret du détroit, *el secreto del estrecho*, secret dont la découverte devait, d'après ses calculs, diminuer des deux tiers la distance de Cadix à la Terre des épices. Et l'héroïque aventurier devant qui tout avait cédé, se faisait fort d'obéir à son maître, il lui promettait cette dernière conquête, « laquelle, disait-il, rendrait le roi d'Espagne possesseur de tant de royaumes qu'il pourrait s'appeler le souverain du monde entier[2]. » Les tentatives se sont multipliées depuis lors; l'isthme a été sondé dans tous les sens, la communication de l'Atlantique et du Pacifique cherchée sur tous les points, tantôt à Panama, tantôt par le lac de Nicaragua, tantôt à Tehuantepec, dans la province méridionale du Mexique. Si rien de définitif n'a abouti encore, c'est l'incertitude des événements et des volontés qu'il faut accuser, et non la résistance des choses : tôt ou tard, cela se fera; tôt ou tard, dans ces régions magnifiques, un détroit de main d'homme sera ajouté à la création primitive, il forcera l'Atlantique et le Pacifique à mêler leurs eaux, mettra à peu près hors de service la vieille et longue traversée du cap Horn, deviendra une des grandes routes fréquentées des peuples, accélérera et augmentera les relations de l'Amérique avec la Chine, le Japon, la

[1] Voir notamment, dans le *Moniteur* du 11 mars 1862, un rapport adressé à M. le ministre des travaux publics par M. Laur, ingénieur des mines, sur la production des métaux précieux en Californie. « On est amené, dit-il, à partager cette opinion répétée par tous les mineurs mexicains, que les exploitations passées ou actuelles n'ont encore attaqué qu'une minime partie des filons de ces contrées. »

[2] *Essai politique sur le royaume de la nouvelle Espagne*, par M. Alexandre de Humboldt, t. II, livre III, ch. VIII.

Nouvelle-Zélande, la Nouvelle-Hollande, celles de l'Europe avec l'Océanie, le Chili, le Pérou, l'Équateur, la Californie, rapprocher de trois mille cinq cents lieues le Havre de San-Francisco.

Eh bien, le Mexique, au milieu de ses prodigieuses ressources, au bord de l'avenir qui l'environne et le sollicite, est misérable, il s'abîme et se meurt dans l'anarchie, dans le vol, dans la banqueroute, dans l'assassinat, dans des dissensions intérieures qui sont bien plutôt un brigandage public qu'une guerre civile. Proie incessamment disputée de quelques chefs de bandes, il ne lui a été donné jusqu'à présent d'échapper au joug violent et précaire de ses possesseurs d'un jour que pour tomber sous la domination moins rude, mais plus ferme de l'étranger!

Les États-Unis, en effet, sont là, héritiers naturels d'une succession qui s'ouvre d'elle-même. En trente années environ, d'un espace huit fois grand comme la France, ils ont recueilli plus de la moitié, ils ont pris au Mexique cent neuf mille neuf cent quarante-cinq lieues carrées sur deux cent seize mille douze! C'est par le Texas qu'ils ont commencé; un mensonge, décoré du nom d'annexion volontaire, une comédie armée, moins vile que toutes celles dont le Piémont a souillé l'Italie, mais bien méprisable encore, leur a procuré ce riche butin. « Il est des crimes, écrivait Channing en 1837 dans une lettre célèbre à M. Henri Clay, il est des crimes qui par leur énormité touchent au sublime; la prise du Texas par nos concitoyens a des droits à cet honneur. Les temps modernes n'offrent aucun exemple de rapine commis par des individus sur une aussi large échelle. Ce n'est rien moins que le vol d'un État. Le pirate prend un vaisseau, les colons et leurs associés ne se contentent pas à moins d'un empire. » L'éloquent apôtre, plus soucieux de l'honnêteté de sa patrie que de son étendue, concluait tristement en ces termes : « L'annexion du Texas est le commencement de conquêtes qui, si une juste Providence ne les frappe pas, ne s'arrêteront qu'à l'isthme de Darien. » De cette brutalité résultèrent des guerres entre le spoliateur et le spolié; elles se terminèrent par d'autres spoliations : le nouveau Mexique et la Californie eurent le sort du Texas. Les États-Unis ont poursuivi leurs desseins, ils ont été convoitant et menaçant toujours quelque lambeau de territoire : au nord, la Sonora avec ses mines aurifères et sa proximité de la mer Vermeille; au sud, la presqu'île d'Yucatan. La province de Tehuantepec, que nous nommions tout à l'heure, ne pouvait se soustraire à la sollicitude avide du peuple qui, l'œil fixé sur l'isthme de Panama, bouleverse périodiquement les petites républiques de l'Amérique centrale; il a enveloppé à l'avance cette province de ses intrigues politiques et de ses spéculations financières. C'est par là, c'est par Tehuantepec que les États-Unis ont de tout temps songé à opérer la jonction des deux Océans : ils y trouvent leur voie la plus prompte et la plus sûre pour aller de la Nouvelle-Orléans à San-Francisco et des bouches du Mississipi aux bords du Pacifique; ils y trouvent aussi l'inappréciable avantage de laisser à distance le canon anglais de la Jamaïque sous les batteries duquel un canal creusé à Saint-Jean de Nicaragua, ou sur un point plus méridional de la côte, contraindrait leurs vaisseaux de naviguer. Une année, au mois de septembre 1846, on crut le Mexique perdu : une armée américaine vint camper jusqu'au cœur de la république, jusqu'à Mexico, puis elle se retira d'elle-même, semblable à une marée qui voudrait peu à peu accoutumer le rivage, déjà promis à son irrésistible empire.

L'histoire du Mexique roule dans un cercle dont l'issue est fatale. A-t-il avec ses voisins quelque contestation, un litige de frontières, une difficulté pécuniaire; et assurément ses abominables gouvernements ne sont que trop aptes à fournir des prétextes et des excuses à toutes les violences dont ils tombent victimes! vite les États-Unis d'intervenir, de réclamer des indemnités, d'exiger des réparations, de stipuler des garanties qui se résolvent à l'échéance en quelque cession territoriale. En 1858, le président Buchanan demande au Congrès l'autorisation de prendre en gage, jusqu'à l'arrangement des questions pendantes, une partie des provinces mexicaines les plus rapprochées de l'Union. Cette même année, des plaintes s'étant élevées contre le défaut de sécurité qui entravait la colonisation de l'Arizona et le service de malle-poste établie d'un Océan à l'autre, M. Buchanan propose à ses concitoyens de distribuer des stations militaires et d'exercer d'office une surveillance armée dans toute la longueur du Mexique. Les États-Unis, de leur côté, entretiennent soigneusement un désordre qui leur profite; la direction de la franc-maçonnerie, dont leurs agents diplomatiques sont habituellement les grands maîtres, réside entre leurs mains. Ils pratiquent l'art, familier à tous les conquérants, de susciter deux factions, de les aigrir, de les mettre aux prises, d'épuiser par leurs fureurs stériles la patrie commune; et toujours, de ces deux factions qui désolaient le Mexique, leur protégée a été la pire. Qu'est-ce, par exemple, que Juarez? Une créature des États-Unis. On le connaissait à peine, il était sans crédit, lieutenant obscur et rebelle d'un président évincé, M. Comonfort. Il chercha son appui là où il sentait la force; pour saisir et garder le pouvoir, il vendit son pays. L'origine de sa fortune fut un traité à peu près pareil à ce traité Corwyn que le congrès de Washington vient d'avoir la sagesse de refuser. En échange de leur assistance, il cédait aux États-Unis, par la convention Mac-Lane négociée en 1859, le droit de faire passer leurs troupes et leur matériel de guerre par plusieurs provinces mexicaines, notamment par l'isthme de Tehuantepec, de se charger de la police, de pourvoir eux-mêmes à la sécurité de leurs nationaux dans l'intérieur de la république. Et pourtant, malgré le patronage considérable qu'il s'était acquis, Juarez était battu, chassé de ville en ville, il n'occupait au commencement de 1860 qu'un point isolé, la Vera-Cruz. Un homme de famille et d'éducation françaises, un général qui avait déployé quelques qualités de soldat, Miramon l'emportait partout; la diplomatie s'était prononcée en sa faveur, toutes les classes conservatrices le soutenaient, il ne lui restait plus, pour asseoir son gouvernement, qu'à enlever la Vera-Cruz, dont il avait déjà commencé l'investissement. C'est alors que les États-Unis intervinrent; le procédé fut simple. Tout à coup, sans mise en demeure, sans déclaration de guerre préalable, le commandant de l'escadre américaine se jeta sur les deux bâtiments qui étaient préposés au ravitaillement de l'armée assiégeante, les décréta de bonne prise, les expédia comme tels à la Nouvelle-Orléans. Le tour était joué. Pressé entre la famine et la fièvre jaune, démoralisé, Miramon dut regagner précipitamment la capitale; et bientôt après l'heureux client des États-Unis, Juarez, y introduisait une tyrannie pillarde et sanguinaire qui dure encore.

Nous ne savons pas d'ailleurs pourquoi nous nous arrêtons à prouver ce qui est clair comme le jour : la marche des États-Unis vers le Mexique. Ils ont parlé eux-mêmes, ils ont signifié leurs intentions; les États du Sud, qui de tous les États-Unis se sont montrés les plus âpres à la curée et les plus voraces à l'annexion, les États du Sud, vrais coupables de toutes les déprédations accomplies ou entamées, usurpateurs du Texas, où ces champions de la liberté n'ont rien eu de plus à cœur que d'introduire l'esclavage, les États du Sud ont trouvé dans le dernier président de leur choix l'interprète cynique et franc d'une politique qui ne périra pas. Voici ce que disait M. Buchanan dans son Message de 1859; après avoir fait reluire aux yeux de ses compatriotes les richesses que recèle le Mexique, le prédécesseur de l'honnête Lincoln continue en ces termes : « Est-il possible qu'un tel pays soit abandonné à l'anarchie et à la ruine sans qu'il soit fait quelque effort pour le délivrer et le sauver? Les nations commerçantes du monde qui ont tant d'intérêts engagés au Mexique resteront-elles indifférentes à ce résultat? Les États-Unis surtout, qui doivent avoir avec le Mexique le plus grand nombre de relations commerciales, laisseront-ils cet État voisin se détruire lui-même et les ruiner? Sans appui, le Mexique ne saurait reprendre sa position parmi les nations, ni entrer dans une carrière féconde en bons résultats. Cette assistance exigée à la fois par son intérêt et par celui du commerce en général, c'est au gouvernement des États-Unis à la lui donner à raison de son voisinage immédiat, et en raison de notre politique qui n'admet pas l'intervention d'une puissance européenne quelconque dans les affaires intérieures de cette république. » Le président Buchanan insiste encore, il résume et exprime sa pensée dans une image qui la gravera plus fortement dans l'esprit public des deux mondes : « Le Mexique est un navire s'en allant à à la dérive sur l'Océan et gouverné seulement par les passions des partis contraires qui s'y disputent le pouvoir; bon voisin, le gouvernement des États-Unis ne doit-il pas lui tendre une main secourable pour le piloter? Si nous ne le faisons pas, il est à croire que d'autres le feront, et, qu'en dernière analyse, force nous sera d'intervenir à notre tour dans des conditions moins avantageuses[1]. »

Le programme de M. Buchanan sera exécuté : le Mexique achèvera

[1] Ces documents se trouvent dans le livre de M. Cochin sur l'*Abolition de l'esclavage*.

de s'en aller pièce à pièce, morceau par morceau; il disparaîtra tout entier dans le gouffre où le poussent moins encore les secousses extérieures que le poids de sa propre indignité. Avec lui seront vraisemblablement entraînés sous la même domination le golfe qui porte son nom, la plupart des îles et des presqu'îles qui l'environnent, les contrées de l'Amérique centrale qui ne sont guère que ses dépendances; et la menaçante prédiction de Channing s'acheminera vers son accomplissement : tout jusqu'à l'isthme de Darien sera aux États-Unis. Alors il se passera ce qui se passe dans tous les lieux sur lesquels la race anglo-américaine a répandu le souffle de son indomptable activité : une transformation s'opère, les déserts sont peuplés, les forêts défrichées, les plaines cultivées, les mines exploitées, le dessus comme le dessous du sol fécondé; là où gisaient des marais empestés, s'épanouissent de riantes moissons; là où sommeillaient des sables arides, des flots d'or et d'argent ruissellent au soleil : en un rien de temps, le génie de l'homme, assisté par toutes les puissances de la nature, aura découvert comme une seconde fois le Nouveau Monde. Alors, nous ne le contestons pas davantage, l'isthme de Panama sera percé sans retard, l'étroite langue de terre, que la Providence a étendue entre l'Atlantique et le Pacifique, sera fendue en deux comme un rideau qu'on déchire, et les missionnaires, les ambassadeurs, les soldats, les négociants de l'Occident seront mis dans des communications plus fréquentes et plus rapides avec l'extrême Orient. Et puis, après, qu'y aura-t-il? quel sera le dernier terme de ces changements? quel contre-coup pourront-ils avoir sur la situation de l'Europe dans l'univers, sur l'antique et glorieuse prééminence de la France dans l'univers et dans l'Europe? Les générations à venir sont-elles appelées à voir, comme un voyageur érudit et poëte le rêvait au milieu des Cordillères[1], la civilisation, qui est aujourd'hui fixée sur une portion du globe, se dilater dans tous les sens, une plus égale distribution des lumières et des forces se faire parmi les nations, et à mesure que le niveau s'établira, le siége des grandes influences s'éloigner insensiblement de nos rivages, quitter Paris et Londres, se rapprocher du centre de l'Amérique? Vastes horizons, superbes et immenses perspectives auxquelles une

[1] M. Ampère, *Promenade en Amérique*.

ombre se mêle! Le Mexique avec le reste de l'Amérique centrale, qui l'aura? Ces greniers d'abondance, ces inépuisables réservoirs de matières premières et de richesses métalliques, qui les possédera? Ce golfe fermé comme un lac, qui le tiendra sous sa garde, nous allions dire sous sa clef? Quel colosse posera ses deux pieds sur les bords du Bosphore américain? Une nation, une seule, déjà considérable par ses dimensions, maîtresse du blé, du coton, des mines de la Californie, presque suzeraine de notre continent dans les crises alimentaires, économiques, monétaires qu'il traverse, en marche vers une dictature gigantesque devant laquelle pâliraient nos plus beaux rêves européens ou français de monarchie universelle.

Loin de nous, en traçant ce tableau, de former quelque désir, de réclamer surtout quelque intervention contre l'intégrité des États-Unis. Puissent-ils, au contraire, surmonter leurs épreuves présentes pour se rasseoir dans leur enceinte, affranchie enfin de l'esclavage! C'est notre vœu réfléchi, c'est l'intérêt de la France deux fois reconnu en des jours bien divers, quoique très-rapprochés de son histoire, par Louis XVI qui voulut être le témoin et la providence de la liberté américaine, par Napoléon Ier qui céda la Louisiane aux concitoyens de Washington, et les amena lui-même jusqu'au delta du Mississipi. Si cette œuvre nationale était condamnée à périr, s'il n'y avait d'autre issue à des déchirements passagers qu'un irréparable démembrement, ce serait une calamité publique; sur la poussière d'une grande nation libre s'agiteraient deux tronçons incohérents et bâtards : au nord, une république qui, étouffant faute de débouchés légitimes, serait à ses voisins et à elle-même un trouble perpétuel; au sud, quelque chose de pire encore, un Portugal cotonnier et négrier, végétant grassement sous la verge britannique. La France serait la première atteinte par cette ruine : son commerce aurait perdu un pavillon neutre qui l'eût protégé contre des éventualités terribles; sa marine, un pavillon allié que, le cas échéant, elle n'eût pas dédaigné. Et vraiment il serait par trop douloureux qu'après être allé brûler et couler la flotte russe au bout de la Méditerranée, nous dussions encore, non aider assurément, mais seulement assister à la destruction des dernières forces navales qui pouvaient se déployer à côté des nôtres!

Mais parce que nous sommes pour le développement normal

des États-Unis, nous n'avons pas besoin d'être pour leur débordement immodéré : comme il nous sied d'avoir dans leur masse imposante une réserve contre le despotisme mercantile et maritime de l'Angleterre, il ne nous messiérait pas de rencontrer sur quelque point de l'Amérique centrale un contre-poids et une digue à la puissance, qui hier encore se jouait paisiblement des sources du Saint-Laurent à la mer des Antilles, et qui dans cette immensité se trouvait à l'étroit.

Sans doute les événements actuels donnent à penser qu'aux États-Unis démesurément accrus il arriverait ce qui est le sort de toutes les grandeurs exorbitantes : elles s'affaissent, elles s'abattent; l'énormité de leurs proportions devient le principe de leur division et de leur chute. Sans doute aussi il est juste de ne pas oublier les institutions intérieures qui, ne cessant pas d'animer cet empire sans bornes, seraient sa limite morale, elles lui serviraient de tempérament et de frein, elles le contraindraient à garder en lui et à dispenser à autrui la liberté; de telle sorte que, en conquérant pour elle-même, la république anglo-américaine pourrait paraître avoir conquis pour tout le monde. Si belles ou si spécieuses qu'elles soient, ce ne sont là, après tout, que des espérances, fondement bien fragile et matière bien flottante pour les déterminations de la politique; qui sait ce que les États-Unis seront demain, qui sait même ce qu'ils sont aujourd'hui? Plus que toute autre nation, ils laissent en suspens toutes les prévisions et tous les calculs; au sein de leurs prospérités les plus tranquilles, ils offraient déjà l'image d'une société en fermentation continue, d'une fournaise toujours bouillonnante d'hommes, d'idées, de lois, de mœurs, d'une espèce de Moyen Age démocratique et industriel, travaillé par des courants opposés, tantôt fidèle à ses hauteurs sublimes et à ses voies régulières, tantôt menaçant de se perdre dans la confusion d'une multitude oppressive au dedans comme au dehors.

Ainsi, ne nous faisons pas d'illusions : le Mexique traînera quelque temps encore, il continuera à être, durant un nombre d'années plus ou moins long, une inutilité pour la civilisation; après quoi, sa dépouille grossira une puissance dont l'excès finirait par être un péril pour l'équilibre des peuples et pour la liberté des mers. C'est le dénoûment dont l'inévitable spectacle attend l'Europe!

II

A cela, quel remède? Il y en a un peut-être, s'il est lui-même possible : détruire la cause qui tient le Mexique dans la dissolution; à la république substituer une monarchie indépendante et représentative.

Le malheur du Mexique, comme des autres colonies hispano-américaines, a été de viser à l'imitation de la démocratie glorieuse qui devait les fasciner de son exemple avant de les absorber dans ses replis.

Aux États-Unis, la république est née du sol; elle est le produit, à la fois original et naturel, d'une terre toute pétrie de libertés municipales et provinciales; elle a passé des mœurs dans les lois, et des habitudes de la race dans les institutions du peuple; le gouvernement avait encore les formes monarchiques que déjà la société était républicaine. Qu'est-ce que l'Angleterre elle-même, mère féconde de cette robuste colonie, sinon une république aristocratique, couronnée par un roi ou par une reine? Ce n'est pas le désir d'une nouveauté incertaine qui a décidé les hommes de la Pensylvanie et de la Virginie à s'ériger en république, ils demeuraient conservateurs, ils mettaient leur ancien régime à couvert sous une enseigne moderne, ils défendaient leurs traditions, leur légitimité, leurs franchises héréditaires, l'âme même de toute leur histoire à jamais vivante dans cette vieille maxime de droit public et chrétien, d'après laquell · *nul impôt n'est valable s'il n'a été librement consenti.* « Est-ce donc, écrivait Washington à Bryan Fairfax, sur le payement d'une taxe de six centimes par livre de thé comme trop lourd que nous disputons? non, c'est le droit seul que nous contestons. » Et l'un des successeurs de Washington, le président Fillmore, justement fier de la longue généalogie des libertés nationales, avait raison de dire dans son Message de 1852 : « Nos institutions libres n'ont point été le produit de notre révolution, elles existaient antérieurement, elles étaient implantées dans les chartes libres du *self-government*, sous lesquelles naquirent les colonies anglaises. » On pourrait appliquer à la plus grande république de la chrétienté les paroles qui servaient à Cicéron pour peindre la plus grande république païenne, issue, elle aussi, moins des vices de la royauté que des fautes des rois, *non tam regni quam regis vitiis :* « Il n'y eut de changé que le nom du chef de l'État, et l'État lui-même resta intact, puisqu'un seul continua à commander aux autres magistrats[1]. »

La république à peine établie aux États-Unis, il fut aisé de voir qu'elle était l'ordre; elle se révéla de prime abord comme l'expression de leurs besoins, comme le rapport le plus exact entre leur génie et leur vocation, entre leurs qualités innées et leurs vertus acquises. Sous son égide les États-Unis ont prospéré, traversé d'un bond l'enfance et la jeunesse, atteint sans fatigue la virilité, déployé la plus étonnante croissance de peuple que l'œil de l'homme ait vue; en moins d'un siècle, cette nation, dont les plus antiques monuments sont encore ses vieillards, avait porté sa population de trois millions d'âmes à plus de trente millions! Ce n'est pas tout : au milieu de toutes leurs imperfections, les États-Unis n'ont pas cessé d'être un exemple; sur la liberté ils ont assis le règne de la vérité[2]; sur le mélange de l'es-

[1] Cicéron, *de Legibus*, lib. III, § VII. « Sed quoniam regale civitatis genus, probatum quodam, postea, non tam regni, quam regis, vitiis, repudiatum est, nomen tantum videbitur regis repudiatum, res manebit, si unus omnibus reliquis magistratibus imperabit. »

[2] On ne saurait assez citer cette belle lettre du 16 juin 1862, par laquelle quatre évêques des États-Unis, accusés à leur retour de Rome, où ils avaient été *en toute liberté* apporter au Saint-Père, avec l'hommage de leur vénération, le produit de quêtes *librement* faites pour le denier de saint Pierre, accusés, disons-nous, d'avoir représenté leur patrie comme une terre où il n'y a que *la liberté du revolver*, répondaient à de puérils déclamateurs : « Si les évêques américains eussent parlé de la

prit d'association et du respect de l'individu, cimentés l'un et l'autre par les croyances morales et religieuses, ils ont fondé l'alliance de l'égalité et du droit, de la démocratie et de l'honneur. Le jour des humiliations s'est levé pour cette grande société, n'en triomphons pas trop haut en Europe; un accident monstrueux a provoqué une crise épouvantable, et cet accident n'est pas l'ouvrage de ses victimes, le germe corrupteur a été communiqué par nos monarchies à leur république. Lord John Russell le confessait l'année dernière avec une généreuse éloquence. « Lorsque je pense à la cause de cette querelle, lorsque je songe que les reproches faits par les États du Nord aux États du Sud, et la résistance qui en a été la suite, ont pour cause une détestable institution, l'esclavage, je ne puis m'empêcher de me souvenir qu'avec nos grandes et glorieuses institutions nous leur avons fait ce fatal présent, nous leur avons donné cette robe de Nessus, qui, dès la première heure de leur indépendance, s'est attachée à eux et les a

liberté qui règne en leur pays, c'eût été pour bénir Dieu de la facilité qu'ils y trouvent pour faire le bien. »

De cette profession de foi, rapprochons les réflexions qu'un vétéran de l'Église et de la liberté belges, M. le chanoine de Haern, membre de la Chambre des représentants, fait, dans le numéro de la *Revue belge et étrangère* du mois d'août 1862, à propos de la *Question américaine*, où ses sympathies sont naturellement pour la cause du Nord : « Nous avons de grandes analogies constitutionnelles avec les États-Unis. Si leurs institutions venaient à tomber, les nôtres en souffriraient par réaction. Nous avons copié la Constitution américaine non-seulement quant à la décentralisation communale et provinciale, quant à celle des associations industrielles, financières, charitables, etc., quant aux grandes libertés des cultes, de l'enseignement et de la presse, franchises, dont la charte anglaise nous offrait également le modèle; mais nous avons suivi particulièrement l'Amérique, en ce qui regarde l'absence d'un culte officiel, liberté dont le Maryland catholique avait donné le premier exemple; nous l'avons imitée dans l'institution d'un Sénat éligible, dans celle d'une Chambre des représentants *rétribués* dans un intérêt démocratique. Le Congrès national a voté la Constitution belge, les yeux fixés sur celle de l'Union américaine. A ne consulter que l'intérêt de la Belgique, nous devons désirer que les États-Unis continuent à rester ce qu'ils ont été et à nous donner l'exemple de l'union, de l'esprit de liberté et de décentralisation, qualités qui caractérisent la race anglo-saxonne avec laquelle les Belges ont des liens de parenté et de grandes affinités. »

Quiconque n'a pas renié à tout jamais la liberté, quiconque (ce qui reviendrait au même) n'a pas dérisoirement ajourné son règne jusqu'à la reconstitution, ou plutôt jusqu'à la constitution d'une aristocratie politique, doit, selon nous, penser comme ces prélats américains et comme ce prêtre belge.

desséchés. Je ne pense donc pas qu'il soit digne de nous de nous réjouir de leurs discordes, et encore moins de les leur reprocher, comme si nous n'avions rien à nous reprocher à nous-mêmes [1]! »

Mais si des États-Unis, avant ou après leur émancipation, on passe à Mexico, à Lima, à Buenos-Ayres, à Santiago, dans les colonies espagnoles, tout est différent, on se croirait égaré dans un autre univers. Là, plus de *self-government*, nul vestige d'activité indigène, nul champ ouvert à l'initiative de l'individu, rien qui sente la liberté et sa germination laborieuse; sur de vastes contrées était tendue comme un réseau la tutelle administrative la plus serrée et la plus jalouse qui fût jamais. L'absolutisme politique de l'Espagne émergeait au delà des mers, encore surchargé de l'absolutisme fiscal de la métropole. Le conseil des Indes réglait tout, prescrivait tout, exécutait tout; à lui de décider quelles cultures seraient autorisées dans les colonies, quelles manufactures établies, quels livres imprimés, quelles opinions reçues! Il entrait dans les plus vulgaires détails; quelques personnages séant à Madrid faisaient à travers un espace de trois à quatre mille lieues ce que faisaient dans l'Amérique anglaise les corporations locales, les assemblées de communes et de comtés répandues sur le territoire. L'exercice de la bureaucratie, cette dernière et pauvre éducation des sociétés mineures, manquait même aux colons de l'Espagne; la plupart des fonctions salariées étaient réservées aux étrangers arrivés de Cadix sur les bâtiments qui venaient chercher et escorter les galions. Ce n'est pas d'ailleurs que, dans ce dénûment de races d'hommes sans institutions et sans droits, il n'y eût qu'oppression et misère. Un grand nombre de vice-rois furent intègres, éclairés, bienfaisants, plusieurs signalèrent leur passage par des travaux d'utilité publique où la patience castillane égala souvent la vigueur romaine. Le mal de leur gouvernement était son arbitraire même; régime moins brutal et moins odieux, mais plus énervant à la longue que le despotisme pur. Son influence ne profita pas mieux à l'Espagne qu'aux colonies; sur notre continent, il avait dévoré rapidement la monarchie et jusqu'à la dynastie de Philippe II [2];

[1] Séance de la Chambre des communes, 30 mai 1861.

[2] Si l'on veut savoir comment les plus grands et les plus saints d'entre les catholiques de France jugeaient, au dix-septième siècle, le régime de Philippe II, régime

dans les régions transatlantiques, il ne sut créer ni des sujets dociles ni des citoyens capables; et lorsqu'à la fin il s'évanouit d'impuissance, il ne laissait qu'une foule là où la Providence avait donné aux héritiers d'Isabelle la Catholique la mission auguste de fonder une nation.

Voilà donc ce qu'elles étaient, ces populations du Mexique qu'une révolution intérieure jeta brusquement en pleine république; autant valait prendre un nouveau-né, l'exposer sur l'Océan, à la merci des tempêtes et des flots! Les conséquences accoutumées se produisirent: au milieu des multitudes qui n'ont connu que le joug et qui ignorent tous les freins, l'instabilité périodique du pouvoir suprême n'est bientôt plus qu'une anarchie entrecoupée de servitude, elle ouvre l'arène à toutes les ambitions, met en ébullition toutes les convoitises et toutes les chimères, en alarme tous les intérêts, tient la société constitutionnellement sens dessus dessous, la livre comme une place démantelée au premier occupant. Ç'a été le sort du Mexique : au gouvernement contre nature qui l'accablait il essaya de résister; il se débattit en vain, parcourant le cercle entier des combinaisons républicaines, passant de la forme fédérative à la forme unitaire, variant avec un volubilité convulsive ses législateurs et ses dictateurs; rien n'y fit, rien ne l'arrêta sur ses pentes fatales, et sa déchéance alla s'agrandissant toujours.

Pendant ce temps-là une leçon, plus poignante encore que leurs propres malheurs, est donnée au Mexique comme à ces autres affranchis de l'Espagne qui, le Chili excepté, ne font pas meilleure figure; ils voient à Rio-Janeiro ce que gagne un peuple à ne pas forcer sa destinée. Quel contraste en effet! A côté d'eux, une colonie portugaise,

qui loin d'être, comme on a osé le prétendre, l'expression du catholicisme, n'en fut que l'oppression, nous engageons à lire, dans les œuvres de Fénelon, le *Dialogue des morts* entre Charles-Quint et François Ier. Un évêque qu'on peut nommer sans déchoir après Fénelon, Mgr Dupanloup, raconte, dans le discours prononcé dans sa cathédrale le 27 juillet dernier, qu'il disait à Rome à un évêque espagnol qui venait d'arriver en compagnie de trente-deux de ses vénérables collègues : « Philippe II vous aurait-il ainsi laissé partir? » Ces évêques, du reste, qui s'étaient embarqués à Barcelone sur un vaisseau de l'État au milieu des acclamations d'un peuple croyant et libre, déclaraient très-haut que la liberté politique assurait depuis plusieurs années à l'Église d'Espagne une liberté sans exemple dans son histoire.

établie sur un sol moins riche, dans des conditions géographiques et ethnographiques moins salutaires, une colonie à qui ses maîtres n'avaient pas communiqué davantage l'esprit de discipline morale et de dignité civile, s'est proclamée indépendante sans se déclarer en république; un instinct guidé par les circonstances l'a conduite à greffer sur une branche détachée de sa vieille dynastie de Bragance ses libertés naissantes et à fixer au centre de sa constitution le principe de l'hérédité. Aujourd'hui, considérez le Brésil; a-t-il à se repentir de son choix? La monarchie pondérée s'est trouvée être le climat tempéré qui lui convenait. Quarante années déjà passées à l'ombre d'une royauté inviolable et d'un parlement à peu près souverain ont achevé son expérience : il n'a pas cessé de se développer malgré quelques agitations fugitives, malgré la plaie de l'esclavage dont il importe à son honneur et à sa sûreté qu'il se débarrasse au plus vite; il est en repos, et il est aussi en progrès. La civilisation se propage insensiblement parmi ses populations; les chemins de fer, les bateaux à vapeur qui remontent et redescendent l'Amazone, toutes les inventions modernes pénètrent peu à peu dans ses profondeurs à demi sauvages; il a une grande capitale qui compte trois cent mille âmes, il est lui-même un grand empire qui, placé dans un des plateaux de la balance, représente honorablement l'Amérique du Sud devant l'Amérique du Nord.

L'idée d'une monarchie ne pouvait guère abandonner tout à fait le Mexique, elle a surnagé, aspiration confuse plutôt que résolution nette d'hommes harassés d'anarchie et de servitude, tour à tour refuge de bons citoyens désespérés et d'intrigants trompés, dernière chance d'une société perdue. Ce ne sont pas les prétendants qui ont manqué: on sentait qu'il y avait là, dans cette république en déshérence, une couronne vacante; elle tenta les candidats les plus divers, un Brunswick, Joseph Bonaparte après 1830, presque toujours un infant d'Espagne, elle avait peut-être souri à ce jeune et hardi Français qui mourut fusillé, M. de Raousset-Boulbon. Était-ce aussi sous l'inspiration de quelque ambition lointaine que le prince Louis-Napoléon Bonaparte, dans une brochure publiée en 1846[1] pour

[1] Elle figure dans les *Œuvres complètes de l'empereur Napoléon III.*

le percement du canal de Nicaragua, appelait la construction, dans l'Amérique centrale, « d'un État florissant et considérable qui rétablira l'équilibre du pouvoir en créant dans l'Amérique espagnole un nouveau centre d'activité industrielle assez puissant pour faire naître un grand sentiment de nationalité, et pour empêcher, en soutenant le Mexique, de nouveaux empiétements du côté du Nord? » Le prince ne se bornait point à des pressentiments vagues; l'imagination toute remplie des grands désirs et des belles espérances qu'excellait alors à susciter l'ardeur vivifiante de la tribune et de la presse, il voyait déjà s'élever sur quelque point de ces rivages une ville unique, une capitale, Constantinople future du nouveau monde, plus heureuse que cette Constantinople de l'ancien monde, *dont l'admirable position*, écrivait-il juste dix années avant le traité de Paris, *est un objet de jalousie pour toutes les grandes puissances de l'Europe, qui s'accordent pour y maintenir un gouvernement à demi barbare, incapable du moins de tirer parti des avantages que lui a prodigués la nature.* L'avenir recueillera un jour ces pages du prisonnier de Ham dont l'empereur Napoléon III semble l'exécuteur testamentaire; il sera plus à même que nous de décider s'il y a quelque parenté entre des rêves ou des pensées éclos dans les loisirs de la solitude, et l'expédition qu'un échec imprévu arrêtait hier devant les hauteurs de Guadalupe.

III

La grosse affaire est de trouver un roi, et, l'ayant trouvé, de le faire tenir.

A mesure que nous envisageons cette obscure et délicate entreprise, il est de moins en moins douteux pour nous que le parti le meilleur, le plus commode et le plus avantageux tout ensemble, le plus politique en un mot, était de laisser l'Espagne la tenter seule, à ses risques et périls, au profit de l'un de ses infants.

C'est l'Espagne, si l'on veut bien se le rappeler, qui la première songea à une intervention au Mexique; les griefs qu'elle alléguait étaient nombreux et sérieux : son ministre, M. Pacheco, brutalement expulsé par Juarez, plus de soixante de ses nationaux presque officiellement assassinés, une créance d'État à État qui, réglée après conférences, montait déjà, non pas, comme la nôtre par exemple, à la somme relativement modique de 150,000, mais au chiffre plus respectable de 8 millions de piastres. Venger dans le passé tout un système d'avanies et d'insultes, l'abolir pour l'avenir, telle était la tâche forcément dévolue à l'Espagne.

La résolution du cabinet de Madrid, qui couvait depuis longtemps, fut bientôt prise; agité dès 1859, son plan de campagne était arrêté au commencement de 1861 : il était décidé qu'on ne se contenterait plus d'une manifestation contre le littoral, une armée espagnole irait à Mexico, elle appréhenderait au corps et frapperait au cœur un gouvernement sans foi ni loi qui, derrière le désert et la fièvre jaune, se croyait insaisissable, elle montrerait de près à d'anciens compatriotes leur vieux drapeau. Alors qu'arriverait-il? Au contre-coup d'une expédition qui imposerait par sa vigueur et rassurerait par sa modération, ne se produirait-il pas quelque mouvement assez semblable à celui qui avait tout récemment ramené dans le giron de la métropole la partie orientale de l'île de Saint-Domingue? La situation était à peu près la même : ici et là, des populations épuisées, lasses d'être le perpétuel enjeu de quelques hommes occupés à se battre et à se culbuter, n'apercevant d'autre terme à des douleurs croissantes que la mort de leur race sous la domination de ces Américains du Nord à qui elles se sentent physiquement inférieures, mais à qui moralement elles s'estiment supérieures. Peut-être verrait-on le Mexique profiter de l'occasion qui lui était offerte, faire un effort pour sortir de sa misère, chercher à mettre d'accord ses traditions et ses conquêtes, à concilier, sous un prince emprunté au sang de ses rois déchus, son indépendance et la liberté, sa nationalité et l'ordre? Ces espérances ou ces illusions fermentaient vaguement au delà des Pyrénées, dans l'attente de l'intervention qui se préparait. C'est un des caractères de l'Espagne, que, dans les plus grands naufrages de sa fortune, ses prétentions les plus hautes demeuraient debout; combien son impérissable et mâle orgueil ne doit-il pas être plus prompt encore à s'éveiller, aujourd'hui qu'elle se relève avec une armée aguerrie, une marine renaissante, des finances prospères! Les circonstances paraissaient favorables pour son entreprise; son crédit se rétablissait au delà des mers, les haines qu'elle avait amassées se dissipaient, les rancunes qu'elle avait inspirées s'adoucissaient, témoin encore cette annexion si spontanée et si honnête de la république dominicaine! Ce n'était plus, il est vrai, l'Espagne d'autrefois, cette sombre monarchie, toute décrépite d'absolutisme, oubliée et silencieuse dans un coin de l'Europe, considérant avec un air de violence irritée et d'impuissance confuse ses colonies qui s'échappaient; non : au bord de ses rivages, une nation nouvelle était née, purifiée de l'Inquisition par les Cortès, donnant à ses dernières possessions des deux Indes la liberté commerciale comme elle s'était donné à elle-même la liberté politique, intrépide à Tetuan contre les Maures, courageuse et loyale à Gaëte, digne, quoique résignée, à Rome. Le régime constitutionnel rendait en influence à l'Espagne ce que lui avait fait perdre en territoires le règne du bon plaisir. Ajoutez à cela les facilités qu'elle trouvait à la Havane pour une expédition au Mexique, la proximité d'une station navale, une pépinière de soldats acclimatés[1], un lieu de ravitaillement toujours ouvert et toujours pourvu, une base d'opérations sans égale. Ajoutez encore que les intérêts qu'elle avait en jeu étaient proportionnés aux sacrifices militaires et pécuniaires auxquels elle s'exposait : en essayant de constituer au Mexique un État pupille qui pourrait être un jour un allié utile, c'était un contre-fort qu'elle se bâtissait pour les débris de son empire colonial, pour Cuba, pour Porto-Rico, pour ses trois magnifiques rades de Santo-Domingo, de Porto-Plata, de Samana; et un hasard opportun faisait qu'à ce moment même l'ombrageux contradicteur que des précautions de ce genre eussent rencontré à une autre époque était occupé ailleurs, les soins de la guerre civile absorbaient les États-Unis.

Nous l'avouons en toute sincérité : jamais, à notre sens, jamais la ligne à suivre ne se dessina pour la France en traits plus simples et plus nets.

La France évidemment ne veut pas conquérir, elle ne recherche pas d'agrandissement au Mexique; son ambition se réduit à y voir régner un peu de stabilité et de tranquillité. Il lui suffisait donc, sans contribuer elle-même à l'expédition, d'encourager le cabinet de Madrid, de le pousser en avant, de l'appuyer moralement; trop heureuse qu'à côté d'elle un voisin prît le fardeau, fît la dépense, acceptât la pesante responsabilité d'une œuvre d'utilité commune, dont l'échec retomberait sur lui et donc le succès profiterait à tout le monde! Y avait-il un désastre? il ne nous atteignait pas, nous n'avions rien promis ni rien compromis, notre budget comme notre drapeau, notre parole comme notre prestige restaient intacts. La tentative, au contraire, réussissait-elle? l'Espagne arrivait-elle à tirer de ce chaos de barbares et de sauvages une société à figure humaine? tout était pour le mieux, un incontestable service nous était rendu

[1] On a calculé qu'à la Vera-Cruz six de nos soldats étaient atteints du *vómito negro* contre un seul Espagnol.

gratuitement, nous gagnions à la manière anglaise une partie où nous n'avions couru aucune aventure; là, devant nous, se dresserait comme par enchantement un gouvernement qui finirait peut-être par payer ses dettes, qui, peut-être aussi, pourrait nous livrer en gage de sa solvabilité quelques mines inexploitées, inspirer confiance à nos nationaux, ouvrir des espaces vastes et sûrs à notre industrie et à notre commerce. La France avait la faculté, pour la satisfaction de sa propre dignité qu'avait offensée Juarez, d'ajouter à ses vœux pour l'Espagne l'éclat d'une démonstration maritime. Mais c'était l'extrême limite marquée à son concours; aller au delà, faire davantage, menaçait d'être onéreux et périlleux. Loin de se simplifier par la quantité des soldats, l'expédition, dont le mérite devait être un heureux mélange de maturité et de soudaineté, se compliquerait par les rivalités de commandement et par les divergences d'appréciation; nous nous infligions des charges, et nous ne nous procurions pas un bénéfice de plus. Après tout, si la France voulait agir pour son compte, si elle tenait à laisser une empreinte d'elle-même sur un point de ce go'fe du Mexique où nous sommes déshérités aujourd'hui, elle pouvait se contenter, sans se condamner toujours au rôle platonique de faire la guerre pour des idées et des conquêtes pour autrui. N'aurait-elle pas à son tour, dans ces parages américains, quelque recouvrement direct à opérer, quelque réconciliation à l'amiable de métropole et de peuples affranchis à sceller de son patronage? Plusieurs juges compétents affirment qu'une évolution de notre escadre, précédée de négociations habiles, changerait rapidement en une colonie libre sous le protectorat de la France *la reine des Antilles*, cette île de Saint-Domingue qui nous rapportait par an 150 millions, et qui ne se rapporte à peu près rien à elle-même.

D'autres pensées prévalurent; il fut résolu que l'Espagne n'irait pas seule au Mexique; qu'à côté d'elle notre armée aurait une place, et naturellement une grande place.

Eh bien, même cela étant, c'était encore le choix d'un infant pour l'aléatoire monarchie d'outre-mer qui nous eût semblé, pour la France, la solution préférable!

Grâce à cette combinaison, nous ne prenions de l'expédition que la partie déterminée et claire. Nous entrions à Mexico, mais nous

nous dispensions d'y rester; une fois la capitale tombée en notre pouvoir, notre mission était achevée, nous nous retirions, laissant de notre passage une trace exemplaire et mémorable. A l'Espagne ensuite revenait l'office de débrouiller la question dynastique, plus épineuse et plus ardue; à elle d'entretenir une armée d'occupation, jusqu'à ce que le temps eût permis aux passions de s'amortir, aux intérêts de se grouper, aux habitudes de se contracter, au respect de naître autour de cette frêle royauté, jetée nue sur la terre nue!

La désignation d'un infant avait un autre résultat : c'était de contraindre l'Espagne, lancée dans une carrière où l'attendaient inévitablement la mauvaise humeur de l'Angleterre et les mauvais procédés des États-Unis, à avoir besoin de nous, à se mettre sous notre influence, à graviter fatalement dans l'orbite de notre politique.

Et, disons-le ici avec quelque insistance, nous ne dédaignerions, aujourd'hui moins que jamais, aucune des démarches qui tendraient à rapprocher de nous l'Espagne, à resserrer d'un nouveau nœud une alliance, tradition de nos gouvernements les plus divers, depuis la guerre de Succession jusqu'à la campagne de 1823, depuis le pacte de famille jusqu'aux mariages sagement assortis de 1846, depuis Trafalgar jusqu'à la Cochinchine. Une rumeur commence à se propager, rumeur d'autant plus à surveiller qu'elle est plus ridicule : au mépris de la dynastie et de la patrie espagnoles, le Portugal serait appelé à faire l'unité ibérique[1]; tout gonflé des noces récentes de son

[1] Il convient de dire que le roi de Portugal, mort si prématurément l'année dernière, désavouait avec indignation ces projets d'unité ibérique, il les trouvait blessants pour son honneur. C'est ce que nous racontait le *Journal des Débats* dans une intéressante notice publiée sur don Pedro V, le 7 décembre 1861, par M. Xavier Raymond : « On croit, disait ce prince à un Français qui est, on peut le supposer, M. Raymond lui-même, que ces visées flattent mon ambition, et que je les favorise. Vous avez parmi vos amis des gens qui le croient, mais ils se trompent. Outre les raisons de convenance, de politique et d'honneur qui doivent me retenir, il y a encore des considérations dont j'ai à tenir compte, moi, si les autres peuvent les oublier. Les extravagants, et même ici il y en a qui caressent ces chimères, ne réfléchissent pas que si jamais la maison de Bragance montait sur le trône de la Péninsule, le Portugal ne serait plus nécessairement qu'une province espagnole, notre nationalité s'absorberait et disparaîtrait. Or, moi, qui suis le premier des Portugais, le

roi avec une des filles du *galant homme*, il a déjà des titres, il a bravement chassé de Lisbonne nos Sœurs de Charité et fermé à ses évêques la route de Rome; encore quelques exploits du même genre, et il comptera autant de victoires comme autant de vertus que le Piémont! Si les idéologues que tourmentent parmi nous ces manies de spoliation avaient lu l'histoire, ils sauraient que l'unité ibérique n'en est pas à son début; qu'elle a été exécutée par l'un des adversaires les plus acharnés de notre grandeur, par Philippe II; que, changeant toute la Péninsule en un seul peuple à la discrétion d'un seul homme, elle a placé bientôt la France dans la nécessité d'avoir une armée permanente au pied des Pyrénées dont chaque gorge lui était ennemie, ou de prendre à son tour l'offensive, de s'établir en Catalogne comme dans une de ses provinces, d'avoir à Barcelone un vice-roi, Armand de Maillé-Brezé, beau-frère de Condé, un archevêque, des intendants, toute une administration. L'œuvre du dix-septième siècle, poursuivie par Richelieu[1], Turenne[2] et Mazarin, achevée par Louis XIV, fut de restituer d'abord le Portugal à ses rois et à lui-même, puis d'asseoir en Espagne, dans l'héritage de Philippe II, la maison de France. Quand Napoléon Ier médita, dans les premiers mois de 1808, de ressusciter cette unité ibérique, il l'offrit,

premier d'un peuple qui tient une place honorable dans l'histoire de l'espèce humaine, je ne serais qu'un mandataire infidèle si je patronnais de pareils projets. Ces gens d'ailleurs sont un grand ennui, ils contrarient beaucoup de choses utiles qui pourraient se faire pour le bien commun des deux peuples : le développement des communications internationales, le rapprochement des intérêts matériels, l'unité des poids et mesures et des monnaies, l'association des douanes, » etc , etc.

Rien de plus noble que ce langage, rien de plus digne d'une intelligence et d'une conscience royales. Espérons que le frère de don Pedro V s'en souviendra et le répétera bientôt au prince qui est devenu son beau-père. Seulement, pourquoi donc le *Journal des Débats*, qui admire ces raisonnements en Portugal, ne les applique-t-il pas au Piémont? L'un a réussi, l'autre n'a pas essayé encore, c'est l'unique différence que nous puissions saisir, et évidemment elle est sans valeur pour le *Journal des Débats*.

[1] Dans le *Dialogue des morts*, que Fénelon fait tenir entre Richelieu et Mazarin, le ministre d'Anne d'Autriche met au nombre des plus grandes œuvres du ministre de Louis XIII le soulèvement du Portugal contre l'Espagne, soulèvement préparé avec un impénétrable secret.

[2] Turenne donna un soin tout particulier à ces affaires du Portugal; il provoqua et dirigea en 1665 l'expédition de Schomberg qui, en soutenant les Bragances, consomma la séparation des deux royaumes.

non pas aux Bragances de Portugal, qui n'étaient pour lui que les âmes damnées de l'Angleterre, mais aux Bourbons d'Espagne; seulement il exigeait des garanties : il réclamait pour la France la Catalogne, la Navarre, la Biscaye, le Guipuzcoa, la ligne de l'Èbre, les entrées en Murcie et en Castille. Ah! les minces Français qui ruminent de nos jours l'unité ibérique, ne regardent pas si loin : assurer notre frontière des Pyrénées, veiller à ce qu'une même et grande puissance ne nous dispute pas le privilége de régner également sur la Méditerranée et sur l'Atlantique; misère que cela! Leurs petits plans seront remplis si l'Espagne découronnée des Bourbons se fond dans le Portugal, aux applaudissements de la Grande-Bretagne, qui du haut de Gibraltar, étonnée, moqueuse et satisfaite, étendra sur toute la Péninsule les avantages du principe des nationalités et du traité de Methuen.

En résumé, l'essai d'une royauté mexicaine au profit d'un infant d'Espagne aurait pu être pour nous, sans le plus léger embarras, sans la moindre compensation onéreuse, une occasion de développer notre crédit à Madrid et à Mexico, de tenir ces deux capitales l'une par l'autre, de fortifier du même coup notre position dans le bassin de la Méditerranée comme au confluent futur de l'Atlantique et du Pacifique.

Nous entendons, à la vérité, quelques personnes nous dire : Quoi! vous auriez donc voulu que la France des Bonapartes laissât l'Espagne des Bourbons s'agrandir quelque part, fût-ce même au Mexique? Cela eût été une anomalie, cela n'était pas possible.

Nous espérons que de pareilles considérations n'ont pas un instant pesé sur le gouvernement impérial. C'est encore à Napoléon Ier que nous en appelons, à Napoléon dans le plus beau temps de sa gloire, à cette époque du Consulat où il offrait l'image de la toute-puissance unie à la modération, et du génie réglé par la raison : le voilà après Marengo, il est vainqueur, il est maître; s'occupe-t il à expulser ou à éliminer les Bourbons? Non, il est trop patriote pour cela, il comprend d'instinct qu'en dépit de nos prodigieux changements les petits-fils de Henri IV ont du sang de France dans les veines, et qu'il leur en restera toujours quelque chose; il a pour les Bourbons d'Espagne la déférence qu'on a pour des alliés naturels et héréditaires, il les favorise, il les comble, ses mains républicaines élèvent pour eux le royaume d'Étrurie au moment même où, dans le traité de Lunéville, il stipule le renvoi en Allemagne de tous les archiducs d'Autriche qui ont des possessions subalpines. Quelques années plus tard, tout est bouleversé, un soubresaut de cette volonté souveraine et mobile a précipité en Italie comme en Espagne les Bourbons; soyez tranquille, Napoléon n'a pas été donner aux premiers venus, à des intrus portugais et piémontais, les dépouilles bourboniennes! Homme extraordinaire dont l'imagination s'égare, mais dont l'esprit n'est pas faux, il garde ces dépouilles pour lui-même, il en couvre ses frères et ses beaux-frères; si l'intérêt français lui a fait préférer les Bourbons aux étrangers, l'égoïsme dynastique lui fait préférer aux Bourbons les Bonapartes; quoique révolutionnaire, sa politique conserve certaines allures nationales.

Une objection infiniment plus grave serait la haine qui, d'un bout à l'autre du Mexique, s'attacherait jusqu'au nom de l'Espagne.

A cela il pourrait nous suffire de répondre qu'il appartenait au gouvernement de la reine Isabelle de tâter et de préparer le terrain sur lequel s'avanceraient ses troupes. Tant pis pour lui si, pensant marcher à un facile triomphe, il rencontrait soudain quelque affreux mécompte!

Mais cette haine dont on parle, existe-t-elle avec l'intensité qu'on lui attribue? On nous avait annoncé qu'une fois les Espagnols rembarqués, le pays tout entier accourrait d'enthousiasme au-devant de nos soldats : les Espagnols se sont retirés, nous avons regardé avidement, nous n'avons rien aperçu, hélas! de ces consolants tableaux. La vérité est qu'au Mexique, parmi d'innombrables factions, il y a deux partis en présence : l'un plein d'animosité contre l'Espagne qu'il déteste et qu'il renie; l'autre, mieux composé, qui, sans regretter le joug justement détruit de la métropole, voit en elle une aïeule, lui demande des conseils dans les guerres civiles et un asile au jour des proscriptions, se rappelle avec complaisance une parenté, formée par une religion commune, par la similitude des origines, du langage et des mœurs, par le va-et-vient perpétuel des relations de famille et des rapports commerciaux. D'un côté sont les métis, espèce de parvenus à la civilisation, dont Juarez est le chef; de l'autre, le clergé, les grands propriétaires, les conservateurs, dont la cause n'a succombé avec Miramon que par une embûche des États-Unis. L'Indien lui-même, dont la race constitue encore l'immense majorité de la population, n'a pas d'aversion pour l'Espagnol; sa misère présente lui fait pardonner à ses maux passés; le régime de la conquête apparaît à son souvenir fatigué comme un temps déjà bien lointain où il souffrait moins, où il y avait plus de chemins praticables, plus de ponts sur les rivières, plus de sûreté dans les champs, moins de brigands et moins de tueries. Laissons ici parler un témoin, écoutons les explications que, le 22 novembre 1861, M. Pacheco donnait au sénat de Madrid sur l'intérieur de la société mexicaine : « A peine arrivé à Mexico, racontait le dernier ministre que l'Espagne ait eu dans cette ville, je compris qu'il y avait un parti espagnol et un parti anti-espagnol. Je dis parti espagnol, non parce qu'il serait disposé à nous vendre sa patrie, mais parce qu'il a de l'analogie, de l'affinité avec nous, parce qu'il conserve les traditions originaires. Je dis parti anti-espagnol, en parlant de l'autre, parce qu'il a commencé la guerre de l'indépendance en assassinant nos compatriotes, et qu'il n'a pas cessé de persévérer dans ces horribles habitudes. Le parti espagnol est celui qui est soulevé contre la constitution de 1857, il compte dans son sein toutes les notabilités du pays. On trouve dans ce parti Alamar; Cobo y a figuré; il y a encore Bonida, Lara, Ramirez, le P. Miranda, Helguero. L'autre parti est celui qui nous déteste, qui vend son pays aux Anglo-Américains, et qui raye de sa constitution le nom mexicain. Le parti qu'en Europe on a appelé réactionnaire et clérical est tolérant et libéral, il tolère même la liberté des cultes. Le parti fédéraliste, au contraire, est un parti de barbarie, un parti désorganisateur, un parti qui aspire à introduire de plus en plus l'anarchie au Mexique au moyen de la division, en établissant vingt républiques au lieu d'une. J'ajoute que la majorité du parti espagnol se compose de blancs, d'hommes comme nous, tandis que la presque totalité du parti anti-espagnol est composée de métis. La race indienne qui forme la majorité sur ce territoire, est la race la plus soumise, la plus facile à gouverner. Forcé de m'arrêter quelquefois au milieu de ces populations en me rendant à Mexico, ces bonnes gens me demandaient des nouvelles de « la reine notre souveraine. » Je leur répondais : La reine est ma souveraine et non la vôtre, car vous êtes des Mexicains. Ils me répliquaient alors : « Nous avons toujours entendu « nos pères qui nous disaient : Le roi notre souverain; et voilà pour-« quoi nous disons aussi : La reine notre souveraine. »

M. Pacheco, résumant le lendemain au Sénat ses observations de la veille, disait encore : « Le parti catholique est évidemment celui qui prédomine au Mexique[1]. »

Une royauté espagnole transportée à Mexico avait donc quelque chance de trouver, avec un parti tout fait, une clientèle déjà établie, des racines plutôt transformées que brisées, un premier fonds de souvenirs et d'intérêts communs. Quant à l'autre parti, c'eût été aux institutions, et, le cas échéant, aux prévoyantes stipulations de la France à lui ménager la place et les garanties qui lui étaient dues.

[1] *Gazette de Madrid* des 23 et 24 novembre 1861.

IV

Ce qui nous confirme dans notre opinion, c'est que la monarchie d'un infant a été librement élue par les populations mexicaines, même au milieu de leurs plus grandes colères contre la métropole, même au lendemain des vengeances mutuelles qui avaient mis entre les deux races comme un fleuve de sang.

L'origine des événements qui firent tomber le Mexique dans la république remonte à 1808, année de la guerre d'Espagne. Au bruit de l'invasion de Murat, que son maître envoyait à Madrid en remplacement des Bourbons, l'honneur castillan poussa un cri dont l'écho retentit au loin, la patrie entière se sentit atteinte. Dans tout le Mexique, ce ne fut qu'une explosion d'indignation et de fidélité; une junte de gouvernement se forma où entrèrent pêle-mêle l'archevêque, les membres de l'audience royale, les chefs de l'armée, les délégués des provinces, les notables d'entre les ecclésiastiques et les laïques; habitants de toute couleur et de toutes classes, Européens et Indiens, créoles et métis, tous étaient décidés à n'avoir rien de commun avec l'usurpateur, à se garder en dépôt pour leur prince dépossédé, à lui réserver un trône sur leurs rivages. Un instant, à l'instigation de Godoï, le pauvre et débile Charles IV, objet de tous ces transports, avait eu l'idée de fuir à Mexico; ses préparatifs de départ étaient déjà faits, le vaisseau qui devait l'emmener dans le Nouveau-Monde avec les diamants de la couronne, avec les plus belles toiles de Velasquez et de Murillo, l'attendait à Cadix; le projet d'émigration aurait été exécuté sans l'émeute du peuple, qui, se révoltant contre son roi par crainte de le perdre, le retint de force, cerna en armes son palais, exigea la chute du favori abhorré, provoqua la régence du prince des Asturies. Le guet-apens de Bayonne étouffa dans son germe la rivalité qui divisait l'Espagne et le Mexique, il fit qu'entre eux il n'y eut pas de jaloux; attirés sur notre territoire, Charles IV et son fils furent pris et enfermés en France.

Mais d'autres péripéties se déroulaient au Mexique; le mot profond du cardinal de Retz se vérifia : assembler les hommes, c'est les émouvoir! La junte de gouvernement, qui s'était réunie à la hâte dans une heure de trouble, avait commencé à délibérer; ces colons et ces indigènes, hier encore inconnus les uns aux autres et qu'un hasard avait jetés face à face, s'étaient mis à se parler de leurs doléances et de leurs désirs; leur nombre leur révélait leur force, les sacrifices auxquels ils étaient prêts leur donnaient la mesure des garanties auxquelles ils avaient droit. La roideur hautaine des Espagnols tourna en une cause d'irréparable rupture ce qui aurait pu rajeunir et raffermir leur domination; tout honteux de rencontrer des alliés et des émules là où ils n'avaient jamais voulu voir que des inférieurs, ils méditèrent de refouler dans son néant cette multitude indiscrète. Un vice-roi qui s'était montré trop conciliant fut renvoyé à Cadix; un autre fut installé avec obligation expresse de n'avoir dans ses conseils que des Européens. De ce jour la révolution était faite, elle éclata le 1er novembre 1810. Ce furent les Indiens qui ouvrirent la lutte, ils s'insurgèrent sous la conduite du curé Hidalgo : rien ne fut horrible comme leur entrée en scène, elle sembla l'éruption des haines accumulées par les trois siècles de la conquête. Armé de coutelas, de lances, de massues, l'Indien se jetait sur les canons dont il essayait de boucher la gueule avec son chapeau de paille, il courait au milieu des boulets et des balles avec l'insouciance furieuse de la bête fauve qui se joue dans les sables soulevés par le vent; il donnait et recevait la mort d'une façon naïve et formidable. L'étrangeté de la guerre fut telle que la plupart des adversaires de l'omnipotence espagnole se tinrent à l'écart, ils aimaient encore mieux leurs oppresseurs que leurs libérateurs. Cependant le torrent débordé ne s'arrêta

plus, il gagna de proche en proche; maîtrisé sur un point, il grondait et s'échappait sur un autre. Dix années d'extermination stérile passèrent; dans l'intervalle, Charles IV et Ferdinand VII avaient recouvré l'Espagne contre les Bonapartes, ils ne recouvrèrent pas le Mexique, leur nouvelle Fspagne, comme ils l'appelaient, contre Hidalgo, et ses continuateurs, Morelos et Mina, tous fusillés, mais vainqueurs. Après qu'on eut beaucoup tué des deux côtés, il fallut bien penser à un accommodement, le temps pressait, le terrain sur lequel pourraient s'entendre encore les intérêts et les passions, allait se rétrécissant de plus en plus : il était manifeste que la colonie avait péri pour la métropole; consacrer par l'avénement d'une dynastie espagnole l'indépendance de la nation mexicaine, ne serait-ce pas satisfaire à tous les besoins comme à toutes les prétentions légitimes, marquer le principe et la fin de la révolution ? Dans cette incertitude vague où s'agitaient les esprits, la Providence suscita un homme, le créole dom Augustin de Iturbide : enfant du Mexique et soldat de l'Espagne, il inspirait confiance aux deux causes; envoyé pour réprimer une insurrection qui recommençait toujours, il eut l'audace, le 24 février 1821, de se poser en médiateur et d'offrir à sa patrie et à sa mère patrie le traité de paix suivant :

« Art. Ier. — La nation mexicaine est indépendante de la nation espagnole et de toute autre.

« Art. II. — Sa religion sera la religion catholique, qui est celle que tous ses habitants professent.

« Art. III. — La nation sera une, sans aucune distinction entre les Américains et les Européens.

« Art. IV. — Le gouvernement sera une monarchie constitutionnelle.

« Art. V. — Il sera nommé une junte composée de personnes jouissant de la plus haute réputation dans les partis qui se sont montrés.

« Art. VI. — Cette junte se réunira sous la présidence de Son Excellence le comte del Venadito, vice-roi actuel du Mexique.

« Art. VII. — Elle gouvernera au nom de la nation, d'après les lois actuellement en vigueur (la constitution des Cortès), et sa principale affaire sera de convoquer, en suivant telles dispositions qu'elle jugera à propos de régler, un Congrès pour former une constitution plus convenable au pays.

« Art. VIII. — Sa Majesté Ferdinand VII sera invitée à monter sur le trône de cet empire, et, en cas de refus de sa part, on invitera successivement les infants don Carlos et don Francisco de Paula.

« Art. IX. — Si Sa Majesté Ferdinand VII et ses augustes frères n'acceptent point cette invitation, la nation sera libre d'appeler au trône impérial tel membre des familles régnantes qu'il lui plaira de choisir.

« Art. X. — La confection de la constitution et le serment de l'Empereur de l'observer fidèlement, devront précéder son entrée dans le pays.

« Art. XI. — La distinction des *castes* établie par les lois espagnoles, et qui en privait quelques-unes des droits de citoyen, est abolie. Tous les habitants sont citoyens et égaux, et les voies de l'avancement sont ouvertes à la vertu et au mérite.

« Art. XII. — Il sera organisé une armée pour la défense de la religion, de l'indépendance et de l'union, chargée de garantir ces trois grands intérêts, elle sera en conséquence appelée l'armée des Trois-Garanties.

« Art. XIII. — Elle jurera solennellement de défendre les bases fondamentales de ce plan. »

A peine cette déclaration, appelée le plan d'Iguala, eut-elle été connue, qu'elle rallia tous les suffrages : l'instinct du peuple, qui ne se trompe guère, avait tressailli; en un instant la pensée d'un homme était devenue l'opinion publique. Tous les partis s'effacèrent; le chef des révoltés, l'Indien Guerrero, comme le commandant des troupes royales, le Castillan O'Donoju, se réunirent à Iturbide; lui-même, proclamé *premier général de l'armée impériale mexicaine des Trois-Garanties*, n'eut qu'à se montrer pour être reçu triomphalement à Mexico, le 22 septembre 1821. La cour de Madrid n'avait qu'à dire un mot d'adhésion, et elle sortait de la crise qu'avaient provoquée ses rigueurs, avec des compensations et une dignité que n'avait pas eues l'Angleterre elle-même dans l'émancipation de l'Amérique du Nord! Malheureusement l'Espagne, malgré ses interrègnes de démagogie et de soldatesque, languissait encore dans l'absolutisme, elle était gouvernée par un roi qui, souffrant impatiemment les Cortès, jugeait plus royal d'être gouverné par ses familiers, race d'incorrigibles comme il n'en pullule que trop dans l'histoire! D'une ineptie que n'égale même pas leur imperturbable assurance, d'un art effrayant pour manquer d'à-propos, l'esprit beaucoup plus borné que contenu par ce qu'ils appellent leurs principes, criant à tort et à travers à la trahison contre tout citoyen assez osé pour s'être permis le crime facile d'avoir des idées qu'ils n'ont pas, tout occupés à faire le vide autour des trônes qu'ils gardent et l'abîme par-dessous, ils s'en vont répétant à leurs infortunés maîtres que les peuples sont de grands enfants mutins avec qui l'on ne compte pas, et ils n'aboutissent toujours qu'à les précipiter les uns et les autres dans des catastrophes au fond desquelles ils ont un secret infaillible pour les enterrer à perpétuité! Il fut fait au Mexique comme ils avaient voulu, le plan d'Iguala fut rejeté par la cour de Madrid. Le Mexique rompit tout pacte avec l'Espagne; plutôt que de se rendre à ces spectres d'un passé à jamais mort, il agit comme agissent invinciblement les nations en semblable occurrence, il s'enfonça sans hésitation, quoiqu'avec regret, dans le sombre inconnu des révolutions. Alors les aventures se multiplièrent avec les expériences. Iturbide trébucha au hasard comme un homme sorti de sa voie et ne sachant plus son chemin; il se fit empereur sous le nom d'Augustin Ier, recueillit beaucoup de serments, distribua beaucoup de traitements; cela dura environ un an; après quoi, à la suite d'une dispute où les députés, assemblés en congrès à Mexico, reprochaient à leur Empereur de dépenser trop, un des généraux qu'il avait le plus gorgés, Santa-Anna, l'embarqua sur un bâtiment et l'expédia en Europe. Cette opération terminée, les sujets ne furent pas moins étourdis que ne l'avait été le souverain; il s'était cru le génie de Napoléon Ier, ils se crurent le savoir-faire et les mérites utiles de Franklin; ils bâtirent sur cette illusion une république qui ne tarda pas à être un fléau pour eux-mêmes et une ignominie pour la civilisation.

Quarante années de leçons sévères, de honte, de lassitude, de déchirements, se sont écoulées depuis ces événements. L'Espagne constitutionnelle, revenue à des lois et à des idées plus saines[1], pouvait-

[1] Dans le discours que nous avons cité plus haut, M. Pacheco analysait ainsi les principaux articles des instructions qui lui avaient été données lors de son départ pour Mexico, où il était ministre plénipotentiaire d'Espagne :

« 1° Nous mettre à la tête de la race espagnole en Amérique en lui faisant comprendre que nous avons accepté de bonne foi son indépendance, mais que, dans la

elle espérer de ramener et de ressaisir l'occasion qu'avait perdue l'Espagne absolutiste? Aurait-elle réussi à donner au Mexique le roi qui avait été demandé à ses gouvernants de 1821 et qu'ils avaient imprudemment refusé? Nous ne l'affirmons pas; de toute cette combinaison, encore une fois, un trait nous agrée et nous suffit : la plus naturelle à concevoir, la plus simple à tenter, la moins difficile peut-être à exécuter, elle était incontestablement celle qui, en cas de revers ou de succès, devait le moins compromettre et le mieux servir la France.

marche naturelle du monde, l'Espagne est et doit être à la tête de tous les individus de cette race;

« 2° Il y a en Amérique une nation qui n'est pas d'origine espagnole, la population de l'Amérique du Nord, que les circonstances rendent rivale de la nôtre. Cette race prétend que la race latine doit lui être subordonnée en Amérique; combattre cette prétention insensée et nullement fondée de la race anglo-saxonne. »

On voit quels changements se sont faits depuis moins d'un demi-siècle dans la politique de l'Espagne.

V

Nous sommes d'autant plus à l'aise pour parler ainsi, que déjà, en ce siècle, la création de monarchies franco-espagnoles a été l'objet de notre politique nationale, la volonté ou plutôt la velléité de la France au Nouveau-Monde.

Quand la Restauration vint, les colonies hispano-américaines étaient tout en feu et se détachaient de toutes parts; de l'immense domination qu'au traité d'Utrecht Louis XIV avait laborieusement assurée à son petit-fils Philippe V, il n'allait bientôt pas rester plus que de cet autre royaume transatlantique laissé par le Grand Roi à son autre petit-fils Louis XV, sur un espace huit fois vaste comme la France, sur les incomparables bassins du Saint-Laurent et du Mississipi!

Le gouvernement de Louis XVIII se tint tout d'abord en dehors d'une querelle où il ne pouvait rien. La sagesse comme l'intérêt lui commandait cette réserve; il n'avait pas, à son avénement, la prépondérance requise pour agir efficacement auprès des parties contendantes. La France se trouvait, en Amérique comme en Europe, telle que l'avait faite l'Empire : ici, vaincue et épuisée, là, presque oubliée ou inconnue; ici, son nom ne figurait même plus sur la liste des grandes puissances, elle n'avait plus voix dans leurs conseils, ses arsenaux étaient vides, ses ports déserts, son sol entamé, militairement envahi, grevé de charges de guerre qui dépassaient un milliard. là, son pavillon avait cessé de flotter sur des mers depuis longtemps ennemies; on ne citait pas un seul de ses vaisseaux de ligne qui eût doublé le cap Horn, de loin en loin elle n'avait donné quelques signes de vie que par ses corsaires; l'Angleterre régentait ces contrées livrées à l'anarchie, ses marchands payaient des droits de 15 pour 100, arbitrés d'après leurs propres factures, dans des pays où les nôtres étaient assujettis à des tarifs de 24 pour 100 d'après les estimations de la douane indigène. Ce qu'il fallait dans cette détresse, c'était relever préalablement la France : grâce à ses institutions tutélaires, la Restauration mena son œuvre à bien, elle nous procura avec le duc de Richelieu la libération du territoire et notre réintégration dans le concert européen, avec le baron Louis et M. Corvetto le crédit et des finances, avec le maréchal Gouvion Saint-Cyr les cadres d'une armée, avec le baron Portal le noyau et les éléments d'une flotte. Ces premières nécessités de la vie d'un peuple satisfaites, elle travailla à rendre à la France cette possession morale du monde qui lui avait échappé. Une mission dans les parages de l'Amérique espagnole fut confiée, en 1820, au contre-amiral Jurien de la Gravière, père de l'honorable chef de notre escadre du Mexique; ses instructions, rédigées par les ministres de la marine et des affaires étrangères, MM. Portal et Pasquier, lui prescrivaient d'observer la neutralité la plus sévère entre la métropole et ses colonies, de recueillir tous les renseignements de nature à éclairer le gouvernement royal sur l'avenir d'un mouvement qu'on ne voulait encore ni favoriser ni désavouer, de ménager à notre commerce tous les avantages désirables. « Non contente, dit M. Jurien de la Gravière dans les pages où il a consigné *les Souvenirs d'un amiral*[1], non contente de ranimer notre industrie mourante, de rouvrir à notre navigation marchande tous les ports dont une influence hostile l'avait exclue, la Restauration ne se lassait point, avec un budget bien réduit, d'aller chercher jusqu'au delà des caps que notre pavillon ne savait plus doubler, des débouchés nouveaux pour les richesses nouvelles de notre sol, des marchés inexploités pour les produits de nos manufactures. »

Pendant ce temps-là, les appréciations mûrissaient au souffle des événements : à travers l'épaisse mêlée où se consommait la scission de

[1] 2 vol. Paris, Hachette.

la métropole et des colonies, on apercevait plus distinctement le terme auquel il serait utile de tendre: l'idée de monarchies séparées se présentait à quelques esprits, on murmurait des noms propres pour les couronnes futures, on passait même, par une suite naturelle, des Bourbons d'Espagne aux Bourbons de France; dès 1818, tandis que la pensée de plusieurs autres diplomates se portait sur le prince de Lucques, aïeul de la Maison actuelle de Parme, et sur l'infant dom François de Paule, M. le marquis d'Osmont, ambassadeur de Louis XVIII à Londres, proposait de constituer à Buenos-Ayres, dans les provinces Argentines déjà émancipées, sur les rives opulentes du Parana, une royauté pour le duc d'Orléans.

Quatre ou cinq années s'écoulèrent encore, années de réparation pour la France, de déchirement continu entre l'Espagne et l'Amérique, jusqu'à ce que M. de Chateaubriand arriva au pouvoir.

L'image de nations nouvelles qui s'élèveraient au delà des mers sous l'autorité des Bourbons avait séduit de bonne heure le grand écrivain : il avait jugé vite que c'était fait des prétentions de l'Espagne sur ses colonies; que son empire était irrémissiblement perdu; que leur indépendance était irrévocablement acquise; qu'il ne restait plus qu'à la reconnaître, et, en la reconnaissant, qu'à la régler. Dans cette conviction, un dessein s'était formé en lui, dessein où les vues du politique concordaient avec les visions du poëte : persuadé que la royauté constitutionnelle était préférable à la république pour le tempérament des races latines, peut-être ébloui au spectacle que son imagination se donnait à elle-même de ces fils de la plus vieille famille française s'en allant régner sur des sociétés nées d'hier, entre les forêts vierges et le désert, comme leurs aînés avaient été autrefois régner en Hongrie, en Pologne, dans la Grèce du Moyen Age, en Italie, en Espagne, M. de Chateaubriand avait salué d'avance dans ces monarchies bourboniennes le moyen de rattacher à l'Europe l'Amérique où s'énonçaient déjà les maximes de Monroe, d'affermir par leur extension les principes conservateurs, d'arrêter la contagion des aspirations démocratiques qui refluaient prématurément, avec leur séve puissante et leur écume folle, sur notre continent [1].

[1] Voir le *Congrès de Vérone*, la *Polémique*, et les dernières pages du *Voyage en Amérique*, de M. de Chateaubriand.

M. de Chateaubriand fut nommé, dans les premiers mois de 1822, ambassadeur à Londres; il avait à peine pris place sur ce retentissant théâtre, qu'il mandait, le 28 mai, à M. de Montmorency, ministre des affaires étrangères : « Le Pérou vient d'adopter une constitution monarchique. La politique européenne devrait mettre tous ses soins à obtenir un pareil résultat pour les colonies qui se déclarent indépendantes. Les États-Unis craignent singulièrement l'établissement d'un empire au Mexique[1]. »

Seulement, dans l'esprit de M. de Chateaubriand, l'exécution de son projet se liait à tout un système, elle devait être une œuvre de négociation et de transaction. C'eût été imprudence à la France d'affronter les hasards d'une campagne lointaine pour une cause où elle n'avait que des intérêts de seconde main[2]; la voie la plus simple et la plus sûre était la réunion d'un congrès européen où seraient entendues toutes les parties, d'un côté les représentants de la métropole, que les trois cours du Nord, dans la ferveur de la Sainte-Alliance, encourageaient à une inflexible résistance, d'un autre côté les délégués des colonies elles-mêmes que l'Angleterre poussait aux résolutions extrêmes : intervenant alors parmi ces passions contraires, la France aurait chance d'amener tous les suffrages à son plan de pacification américaine. Mais, pour que dans un congrès la France eût pareille influence, il fallait au préalable qu'elle eût attesté sa force; on n'écoute généralement que ceux qu'on redoute, et d'ordinaire la considération se mesure à la peur : or, jusqu'à l'époque dont nous parlons, avec une armée sur la fidélité de laquelle planait un soupçon, avec une armée encore accablée sous le poids des Cent-Jours et toute tiraillée par des conspirations intérieures, la Restauration paraissait vacillante. Faire en conséquence une guerre qui dissiperait cette incertitude, qui aurait le double avantage d'achever la résurrection militaire

[1] Cette dépêche est reproduite dans les *Mémoires d'outre-tombe*, tome VII.

[2] Cette pensée revient sans cesse dans la correspondance diplomatique de M. de Chateaubriand. « Le continent, écrivait-il le 29 novembre 1823 à M. de Talaru, ambassadeur de France en Espagne, parle fort à son aise des *quelques vaisseaux* et du *peu de soldats* qu'il faudrait pour réduire le Pérou et le Mexique : et qui les fournirait, ces vaisseaux et ces soldats? Nous, sans doute... Jouons serré et ne soyons la dupe de personne. »

et la résurrection diplomatique de la France, de relever du même coup la royauté au dedans, le royaume au dehors, telle était, aux yeux de M. de Chateaubriand, l'opération préliminaire à accomplir. Il avait cru un instant que l'Italie pourrait fournir à la Restauration un champ de bataille ou de manœuvres convenable; il le trouva enfin en Espagne où, par une transition logique, Ferdinand VII était passé du joug de sa *camarilla* sous celui des clubs : un Bourbon captif, qu'on avilissait aujourd'hui et qu'on déposerait demain, une grande monarchie menacée dans la personne d'un chétif monarque, Madrid au pouvoir de la soldatesque et de la populace, une liberté naissante qui allait elle-même se tuer sans retour dans le crime, peut-être dans le régicide [1], un foyer révolutionnaire établi à nos portes, et l'Angleterre dominant au centre de cette confusion, il y avait certes bien assez de motifs pour une expédition qui, devant la raison d'État, était moins une nécessité à subir qu'une occasion à saisir !

Ces dispositions accompagnèrent M. de Chateaubriand au congrès de Vérone : préparer les gouvernements européens à la solution des affaires d'Amérique qu'il avait conçue, et, en attendant, presser le plus possible la guerre d'Espagne. Dans une note verbale en réponse à un mémorandum du duc de Wellington qui avait représenté la reconnaissance pure et simple de l'indépendance des colonies espagnoles comme sollicitée par le commerce britannique, il indiquait qu'*une mesure générale, prise en commun par les divers cabinets de l'Europe, pourrait ménager à la fois les intérêts de l'Espagne, ceux de ses colonies et ceux des nations européennes, concilier les droits de la légitimité et les nécessités de la politique;* en même temps, à quelques jours de là, il écrivait le 31 octobre 1822 à M. de Villèle, encore hésitant à commencer la guerre, plus frappé de la première et passagère alerte causée par la crise qu'attentif à la féconde et durable transformation qui serait le prix d'une audace heureuse : « C'est à vous, mon cher ami, à voir si vous ne devez pas saisir une occasion, peut-être unique,

[1] M. Villemain dit excellemment dans *la Tribune moderne*, Ire partie, chap. XIII, en parlant de la guerre d'Espagne : « Elle fut salutaire et préservatrice pour tout le monde, en arrêtant les derniers excès où allait s'emporter la révolution espagnole, sans détruire pourtant le principe de cette Révolution que nous voyons vivante aujourd'hui. »

de replacer la France au rang des puissances militaires, de réhabiliter la cocarde blanche dans une guerre courte, presque sans danger, vers laquelle l'opinion des royalistes et de l'armée vous pousse aujourd'hui fortement[1]. »

La guerre d'Espagne eut lieu ; au point de vue politique, le seul qui ait à nous occuper ici, elle réussit pleinement, elle dépassa, suivant la remarque récente de l'un de ses adversaires les plus constants et les plus dignes[2], les espérances de ses fauteurs : la fidélité de l'armée éclata dans une campagne *facile, quoique non sans gloire;* par une juste harmonie, la Restauration était redevenue plus forte devant la France, la France devant l'Europe. Les témoignages abondent; citons l'hommage si désintéressé que l'honnête et éloquent comte de Serre, ambassadeur de Louis XVIII à Naples, adressait au ministre, qui naguère dans l'opposition, l'avait combattu lui-même avec une verve implacable : « Vous avez le premier, écrivait-il à M. de Chateaubriand, rendu à la France cette vie, cette action extérieure nécessaire à un grand peuple, et qui semblait suspendue depuis la Restauration. Dans cette carrière, les grandes affaires s'appellent l'une l'autre[3]. » Citons

[1] Ces pièces sont publiées dans *le Congrès de Vérone*, de M. de Chateaubriand. Voici notamment ce que, dans une lettre du 5 décembre 1822, M. de Villèle pensait de la guerre d'Espagne : « La position est changée par l'expérience faite sur nos fonds, notre commerce maritime, notre industrie, par l'expérience de l'effet désastreux qu'auront sur eux une guerre qui, je dois vous le dire, en opposition avec les déclamations soldées de quelques journaux, est repoussée par l'opinion la plus saine et la plus générale, tandis qu'elle est désirée, et vivement désirée, nous en sommes sûrs, par les meneurs libéraux, qui ont l'habileté cette fois de laisser crier par leurs subalternes qu'ils ne la veulent pas.... Dieu veuille pour mon pays et pour l'Europe qu'on ne persiste pas dans une détermination que je déclare à l'avance, avec une entière conviction, compromettre le salut de la France elle-même ! »

[2] *Mémoires de M. Guizot*, t. I, ch. VI, p. 258.

[3] Lettre du 9 août 1823. — M. de Serre ajoutait ces autres réflexions que nous prenons plaisir à transcrire : « Cette jalousie de la France, que déjà vous voyez poindre, grandira malgré votre prudence et votre générosité. Il y a de l'habitude autant que de la raison. On craint ce nom même de la France, qui, depuis des siècles, a si souvent rempli le monde; on craint, plus encore que la contagion de l'anarchie, l'effet lent mais irrésistible de nos institutions, le mouvement et la force qu'elles nous impriment. » Et plus loin : « Il ne faut point faire halte non plus dans le développement de nos institutions politiques; en conservant ce qui est propre à la France et à une monarchie continentale, elles doivent marcher vers cette perfection que vous admirez, à si juste titre, en Angleterre. »

encore cette touchante et patriotique effusion de M. de la Ferronnays, écrivant de Saint-Pétersbourg, où il représentait noblement la France : « Je n'ai point d'expression pour rendre ce que j'éprouve. Il faut avoir connu les chagrins que j'ai essuyés depuis que je suis ici, pour comprendre le sentiment que me fait éprouver l'exaltation avec laquelle j'entends parler aujourd'hui des Français, de la France et de ceux qui la gouvernent. »

La guerre d'Espagne conduite à bonne fin, il importait de passer sans retard à ses conséquences, d'aborder ces autres affaires, comme celle des colonies hispano-américaines, dont elle avait dû être le prélude ; pour conserver et accroître sa force, disait à ce sujet même M. de Serre, il faut en user. M. de Chateaubriand, plus explicite, écrivait le 1er novembre 1823 à M. de la Ferronnays : « Nous avons une armée excellente et fidèle qui pourrait être quadruplée demain, si nous en avions besoin. Notre commerce intérieur est dans l'état le plus florissant. Jamais nation, après tant de malheurs, n'eut de plus belles espérances et ne fut replacée plus vite à son rang. Je voudrais vivre assez pour voir l'empereur Alexandre accomplir avec nous quatre grandes choses : la réunion de l'Église grecque et de l'Église latine, l'affranchissement de la Grèce, la création de monarchies bourboniennes dans le Nouveau-Monde, et le juste accroissement de nos frontières. » Beaux songes de poëte! s'écrieront quelques personnes; mais songes dont l'accomplissement intégral aurait peut-être coûté moins d'efforts, d'iniquités et de deuil que tant de réalités frivoles ou sinistres qui ne réussissent même pas à durer !

Ce n'était pas une tâche facile que d'avoir à décider tous les intéressés dans les grands débats de l'Espagne et de l'Amérique à accepter le principe même d'un congrès.

Le roi d'Espagne était le premier à regimber; il s'était replongé aux mains de sa domesticité, dont la sottise incurable et cruelle recommençait à le perdre. Les calamités trop méritées, d'où l'avait tiré la France, ne lui avaient rien fait : buté à son droit, tout figé dans l'infatuation de lui-même, caressé dans ses chimères rétrogrades par les cours absolutistes, il n'entendait aucun conseil, il ne comprenait aucune leçon; lui qui, la veille, enfermé à Cadix, n'avait pas rougi de mettre sa signature au bas du décret des Cortès sanctionnant l'érection de Buenos-Ayres en république, il récusait à présent, comme une offense à sa dignité, l'arbitrage de l'Europe entre la métropole et les colonies ! Il n'y aurait eu qu'à désespérer, si l'armée française n'avait été à Madrid, tenant Ferdinand VII par l'intérêt et par la peur, ressorts de cette volonté capricieuse et inerte.

Contraste étrange en apparence! Moins de tergiversations et d'objections étaient à craindre des insurgés. Sous leur violent et légitime amour de l'indépendance, presque tous avaient gardé le goût de la monarchie. Nous l'avons bien vu au Mexique, par l'histoire d'Iturbide. Le héros de la Colombie, le personnage le plus attrayant qu'aient suscité ces stériles remuements d'hommes de l'Amérique espagnole, Bolivar, ne se dissimulait pas davantage l'insuffisance de ses compatriotes pour supporter le régime républicain; il désirait la fondation d'un empire que par choix il eût déféré à un Bourbon de France[1]. Même à Buenos-Ayres, parmi des populations industrieuses et commerçantes où la démocratie rencontrait un terrain mieux préparé, la révolution n'avait pas présenté un autre aspect : quelque temps, de 1810 à 1815, les chefs de la guerre nationale, Rivadavia à leur tête, avaient conçu une idée singulière, ils s'étaient flattés d'obtenir de Napoléon Ier la restitution de leur vieux monarque Charles IV, qui se serait trouvé encore, avec un grand royaume formé de la Plata, du Chili et du haut Pérou, un riche et puissant seigneur[2]; depuis, leur candidat royal avait changé, non leurs intentions monarchiques, à tel point qu'en 1819 un vœu public fut exprimé par les autorités des provinces Argentines en faveur du duc d'Orléans. Sans doute, il commençait à être tard pour renouer des combinaisons de ce genre; les colonies d'Espagne, successivement éconduites dans leurs demandes les plus modérées, s'étaient réfugiées les unes après les autres dans la république. Rien pourtant ne paraissait irréparable : avec la république était venu à ces colonies, en particulier au Mexique, le double fléau des divisions intestines et des intrigues extérieures; ne fussent-elles pas déjà lasses et corrigées d'un essai ruineux, elles se

[1] *Les Républiques de l'Amérique du Sud*, par M. A. de Botmiliau, ancien consul de France au Pérou. *Revue des Deux Mondes*, 1er avril 1850.

[2] *Considérations historiques et politiques sur les républiques de la Plata*, par M. le comte de Brossard, consul de France à Buenos-Ayres.

seraient vraisemblablement rendues à une pression collective de l'Europe, faisant de leur conversion en monarchie la condition d'une reconnaissance sans laquelle leur indépendance elle-même flotterait précaire et mal assurée.

Ce qui était plus grave, c'étaient les dispositions de l'Angleterre, son mauvais vouloir, ses mauvaises influences, le patronage qu'elle accordait aux factions les plus turbulentes et aux ambitions les plus insensées.

La chute de l'Espagne en Amérique avait été pour le commerce britannique une bonne affaire; il s'était jeté sur ces inépuisables contrées, si longtemps fermées par la prévoyance étroite du Conseil des Indes : en peu d'années, il les avait couvertes de produits manufacturés, d'agents de toute nature, de compagnies affectées à toutes les destinations possibles, à l'exploitation des mines, à l'extraction des perles, au défrichement des forêts, au creusement des canaux, au percement des isthmes. Les emprunts que les colonies émancipées firent aux capitalistes de la Cité, de Liverpool, de Manchester, atteignirent le chiffre de 20,978,000 livres sterling, somme énorme sur le payement de laquelle les prêteurs avaient opéré force prélèvements et retenues, mais pour laquelle en réalité ils s'étaient donné hypothèque sur le Nouveau-Monde. L'Angleterre renoncerait-elle à cette anarchie lucrative que perpétuerait infailliblement la république? Laisserait-elle se former des États policés et réglés qui pourraient, d'après le mot de Montesquieu, ne plus posséder inutilement la terre? Elle était en butte à l'une de ces tentations comme elle en a souvent éprouvé dans son histoire, et qui, trop souvent aussi, ont fait fléchir ses grands intérêts devant ses petits profits, ses devoirs éternels devant ses passions éphémères.

A cela il convient d'ajouter que, depuis Waterloo, le gouvernement du peuple qui avait vaincu en cette journée solennelle, traversait une crise profonde, sa politique au dehors errait toute désorientée : il avait, vingt-cinq années durant, placé son honneur et trouvé son gain à se dresser par-dessus toutes les violences révolutionnaires comme un pouvoir conservateur et libérateur, comme le représentant armé de l'ordre universel; et tout à coup, dans le sein même du triomphe, cette mission dont il avait fait son rôle parfois outré, lui était tombée des mains, la Restauration l'avait restituée à la France! Le gouvernement anglais se cherchait de nouveaux clients et de nouveaux alliés: il allait, indécis dans sa marche, n'ayant pas entièrement rompu avec le système que le génie impérieux de Pitt avait légué à l'inexorable ténacité de lord Castlereagh, et déjà entraîné par M. Canning à fomenter l'usurpation en haut, l'insurrection en bas, la révolution partout. C'est ainsi qu'après avoir si courageusement relevé en Espagne la dynastie de Philippe V, il protégeait les démagogues qui la renversaient; c'est ainsi encore que le même Parlement qui avait, en 1810, rendu des bills pour défendre aux sujets des Trois-Royaumes de fournir des munitions de guerre aux colonies espagnoles, ouvrait maintenant aux vaisseaux de ces colonies les ports du Royaume-Uni!

Enfin, si quelque chose avait manqué aux défiances que devait causer à l'Angleterre un plan de monarchies bourboniennes en Amérique, l'expédition d'Espagne, cette reprise hardie du Pacte de famille[1], cette rentrée triomphale de la France dans la récente arène du duc de Wellington, eût été là pour combler la mesure : « Vous avez uni contre la France, écrivait M. Canning à M. de Chateaubriand, les opinions de l'Angleterre comme celles d'un seul homme. Vous avez excité contre le présent souverain de ce royaume les sentiments dirigés contre le maître de la France et de l'Espagne en 1808; bien plus, l'assentiment, je suis forcé de le dire, est plus parfait aujourd'hui qu'il ne l'était alors; car alors les Jacobins avaient de la répugnance à blâmer leur idole; maintenant, eux, et whigs et tories, d'un bout du pays à l'autre, sont tous du même avis[2]. » L'Amérique pouvait même offrir au premier ministre, blessé dans sa vanité comme son pays l'était dans sa fierté, une compensation à l'échec qu'ils avaient essuyé en Europe; au mois d'octobre 1823, peu de jours après la reddition de Cadix au duc d'Angoulême, M. Canning annonçait à l'ambassadeur de France, M. de Polignac, que, par un acte prochain, l'Angleterre reconnaîtrait purement et simplement les nouvelles républiques.

Et cependant, malgré tant d'obstacles accumulés, l'écueil contre lequel se brisèrent les monarchies bourboniennes, ne fut ni à Ma-

[1] On sait qu'en 1814 lord Castlereagh avait voulu imposer à l'Espagne l'engagement de ne jamais renouer le Pacte de famille.

[2] Lettre du 7 février 1823, publiée dans *le Congrès de Vérone*, chap. LVII.

drid, ni à Mexico, ni même à Londres; il fut à Paris, au centre du gouvernement.

Sur l'affaire des colonies espagnoles, comme en d'autres matières, les deux personnages éminents qui se trouvaient alors assis aux conseils de la Restauration étaient entrés en lutte avec toutes leurs divergences naturelles : celui-ci, M. de Chateaubriand, à qui faisait défaut le caractère et non le génie de l'homme d'État, d'une pénétrante sagacité qui était son genre de profondeur, doué de ces deux qualités précieuses qui ont souvent suppléé à bien des lacunes et obvié à bien des excès, celle de répondre à son siècle et celle de ne pas douter de la France, plein de sympathie pour l'un et de foi dans l'autre, tout possédé de l'idée qu'il fallait distraire au dehors l'imagination des générations modernes, *l'occuper à la gloire, la mener à la réalité par des songes*, et capable en même temps de satisfaire ces désirs inquiets sans les déchaîner, de les déployer dans l'ordre, d'ouvrir à ces grands instincts populaires quelque grand but national, comme il le prouva par la campagne d'Espagne, dont il eut l'initiative, par l'affranchissement de la Grèce, dont il fut le prophète dans son *Itinéraire de Paris à Jérusalem*, et le tribun dans ses articles de journal, par l'expédition d'Alger, dont il émettait la pensée dès 1816 dans une motion à la Chambre des pairs; celui-là, M. de Villèle, administrateur consommé, vraiment créateur dans cette science et dans cet art qui s'appelle le crédit, à jamais digne de mémoire par ses règlements de finances et par la loi de l'indemnité, mais peu tourné vers les vastes conceptions politiques auxquelles son éducation comme son tempérament l'avait laissé étranger, d'un esprit moins perçant que clair et moins sûr que net, plus apte à réparer le passé qu'à préparer l'avenir, allant toujours au plus pressé, exposé quelquefois à étouffer les questions par envie de les simplifier, et à prendre des résultats immédiats pour des solutions définitives.

Certainement, avec un peu de condescendance mutuelle, il eût été aisé de changer ces diversités mêmes en un principe d'harmonie et de force. Bien au contraire, elles n'amenèrent que le déchirement : là où le ministre des affaires étrangères méditait l'érection de monarchies, le président du Conseil voyait avant tout des marchés à disputer le plus vite possible par des tarifs à la concurrence britannique. Non que des royautés bourboniennes ne lui eussent mieux convenu à tous égards; mais l'entreprise était longue, les difficultés nombreuses et délicates; à travers toutes ces lenteurs l'Angleterre pourrait, dans un traité de commerce secrètement négocié, se ménager d'énormes priviléges! M. de Villèle, dès le Congrès de Vérone, s'était montré pressé d'en finir; il eût été assez d'avis de mettre les plénipotentiaires d'Espagne en demeure d'indiquer quels moyens avait leur souverain de rétablir son autorité, puis, sur leur réponse évasive ou négative, de considérer la France comme dégagée, et de procéder à la reconnaissance des colonies indépendantes[1]. Après la guerre d'Espagne, son impatience s'accrut de toute l'humeur qui animait M. Canning; il disait un jour au directeur des douanes, M. de Saint-Cricq : « Regardez bien, mon cher directeur, à nos expéditions et à nos retours du côté de l'Amérique méridionale. Préparons pour cela des tarifs bien entendus. Moi, vous le savez, je ne mets pas de poésie dans les affaires. Tout ce beau pays de là-bas ne sera qu'un marché anglais, si Chateaubriand continue seulement une année sa correspondance tête à tête avec Canning[2]. » N'en déplaise à M. de Villèle, M. de Chateaubriand avait raison; la seconde vue du poëte était plus pratique que la lucidité du financier : même pour le bien du commerce, plutôt que d'accepter tel quel un *statu quo* anarchi-

[1] Nous devons à une bienveillante communication de M. Alfred Nettement, digne historien de cette grande époque, le texte inédit des instructions rédigées par M. de Villèle pour MM. les plénipotentiaires au Congrès de Vérone, relativement aux affaires des colonies espagnoles : « Si, disaient ces instructions, la disposition des souverains était telle que les plénipotentiaires français crussent pouvoir faire traiter utilement au Congrès la question de la reconnaissance des gouvernements établis dans le Brésil et les Amériques espagnoles, il serait utile, il serait digne de l'assemblée des souverains de faire demander à l'Espagne et au Portugal la communication de leurs intentions, de leurs moyens pour rétablir l'ordre, la paix et la sécurité pour la navigation européenne dans cette partie du monde, d'offrir à ces puissances de concourir avec elle à ce rétablissement par notre médiation, et, dans le cas probable d'un refus de la part des métropoles, de convenir, par un traité entre les grandes puissances, qu'elles considèrent ce refus et la situation réelle des colonies comme suffisant pour leur faire reconnaître, comme États indépendants, toutes les parties constituées régulièrement des États d'Amérique, s'obligeant à ne réclamer pour aucune puissance particulière des avantages spéciaux dans les relations commerciales auxquelles l'acte de reconnaissance de ces nouveaux États devrait donner lieu. »

[2] M. Villemain, *la Tribune moderne*, chap. XIV, p. 353.

que, sans garantie pour personne, il fallait essayer de bâtir sur des assises durables un gouvernement sérieux, capable d'observer les traités qu'il signerait.

C'est une justice à rendre à M. de Chateaubriand que, dans les quelques mois qu'il allait passer encore au ministère, il agit avec vigueur et suite. Comme ces soleils de montagnes, qui jettent d'abord tous leurs feux et se couvrent en un instant de vapeurs, il arrive aux grands artistes mêlés aux affaires, que, d'une intuition admirablement prompte et vive, ils se laissent, à l'heure de l'exécution, envelopper par les langueurs dormantes ou par le trouble de la passion. M. de Chateaubriand, cette fois, évita le péril vers lequel penchait sa nature. Son premier soin fut de demander à Ferdinand VII un décret proclamant la liberté du commerce avec les colonies insurgées. C'était un point essentiel à gagner. L'Angleterre, pour motiver sa prochaine reconnaissance des nouvelles républiques, mettait en avant les inconvénients du provisoire, les dommages que causait à ses nationaux l'absence d'officiers diplomatiques régulièrement institués. La liberté du commerce promulguée, tout prétexte lui était enlevé, elle pouvait légalement accréditer des consuls où bon lui semblait; elle était condamnée, si elle persistait dans ses résolutions, à faire un éclat qui l'isolerait en Europe. Or, devant cette conséquence, l'Angleterre ne reculerait-elle pas? Les tories la gouvernaient encore, avec eux l'habitude et le respect un peu superstitieux des alliances continentales; au sein même du ministère les opinions étaient divisées sur l'issue à donner au conflit hispano-américain; lord Liverpool, M. Peel, le duc de Wellington représentaient les traditions britanniques en face de M. Canning, dont les bouffées révolutionnaires venaient moins d'un calcul que d'un dépit. Mais déjà Ferdinand VII s'était récrié contre le décret qui lui était proposé. Il ne voulait pas le signer. En vain l'ambassadeur de France à Madrid, M. le marquis de Talaru, cherchait à lui expliquer que, loin de nuire à sa cause, la liberté du commerce la servirait; qu'elle aurait le mérite de tenir en échec l'hostilité de l'Angleterre; que, de plus, elle aurait celui de permettre à la France et aux autres puissances amies de l'Espagne d'avoir à leur tour des consuls qui seraient, parmi les populations en révolte, les représentants officiels et efficaces des idées de conciliation. Ferdinand refusait toujours. Il imagina un moyen terme en vertu duquel son gouvernement s'engagerait secrètement à tolérer le commerce de l'Europe avec les colonies. M. de Talaru lui répondit qu'une tolérance de ce genre, déguisée sous cette forme, serait dénuée de tout effet politique; qu'il n'en résulterait ni un argument de moins pour l'Angleterre, ni une force de plus pour l'Espagne. Louis XVIII était justement irrité par une obstination aussi aveugle : « Je désire vivement, pour votre honneur et pour le nôtre, écrivait M. de Chateaubriand à M. de Talaru le 24 janvier 1824, que vous emportiez ce décret de la liberté du commerce. Vous devez tout mettre en usage. Vous sentez qu'il ne nous est pas possible de rester comme nous sommes. Songez à ce que nous deviendrons lorsque les discussions vont s'ouvrir dans le Parlement d'Angleterre, et que nous verrons celle-ci s'emparer, sous nos yeux, des colonies espagnoles; car, déclarer leur indépendance ou les prendre, le résultat est le même; et c'est là ce que nous aurions fait à Madrid! Cela n'est pas tolérable. La déclaration de l'indépendance du commerce sauve notre honneur, nous met dans une bonne position à la tribune, et obligerait l'Angleterre à se faire ouvertement le champion de l'insurrection, puisqu'elle ne pourrait plus argumenter de ses intérêts commerciaux. Attaquez le roi corps à corps, faites signer devant vous. » Et insistant sur la nécessité qu'il y avait, pour réussir, de séparer le roi de son entourage, le ministre ajoutait : « Il y a un moyen, c'est de faire signer le roi sans en passer par les conseils. Et ne sortez du palais que le décret ne soit signé. Faites-vous, si vous voulez, accompagner de M. de Bourmont, qui déclarera qu'il attend vos ordres pour évacuer Madrid. » Ferdinand se décida et signa. « Le décret sur la liberté du commerce, écrivait quelques jours après M. de Chateaubriand à M. de Talaru, fait un effet considérable. Les Anglais sont dans la position la plus embarrassante; ils ont de l'humeur, et n'osent ouvertement attaquer un acte inattaquable et qui les gêne en les forçant de s'expliquer. » Avec cette négociation, une autre, non moins compliquée et non moins importante, avait été suivie d'un égal succès : Ferdinand VII s'était résigné à provoquer la médiation de l'Europe entre la métropole et les colonies. Là aussi, que de répugnances à vaincre! que de luttes de détail à engager! Le roi, qui avait commencé par écarter absolument le projet de médiation, l'avait ensuite accueilli sous cette condition que l'Angleterre n'y figurerait pas : rien de plus imprudent; il se jetait tête baissée dans le piége qui lui était tendu : « Isoler les quatre cours continentales de la cour de Londres, écrivait M. de Chateaubriand à M. de Talaru, le 25 novembre 1823, serait donner à celle-ci le droit de se déclarer, à l'instant même, pour l'indépendance des colonies : faites bien réparer cette erreur capitale. » Ferdinand VII se ravisa et céda encore. Restait maintenant l'Angleterre : contrariée et blessée par le décret sur la liberté du commerce, elle se vengeait en ne voulant point prendre part à la médiation. Le plus sage était de laisser passer cette bouderie, de laisser surtout finir la session du Parlement, devant lequel les ministres se sentaient moins à l'aise. « La demande en médiation que j'ai également obtenue de l'Espagne, écrivait M. de Chateaubriand [1] à M. de Rayneval, ministre de France à Berlin, est restée sans effet pour le moment; car il m'aurait paru de la dernière imprudence d'avoir ici des conférences sur cette immense question, l'Angleterre refusant d'y participer. Nous aurions justifié toutes les résolutions de M. Canning; sous prétexte que les puissances continentales s'occupaient des colonies, il se serait hâté d'en reconnaître l'indépendance, et nous aurions ainsi précipité les colonies dans les bras de l'Angleterre en voulant les sauver. » Gagner du temps, voilà donc ce que conseillait la politique; et, en attendant, elle commandait d'agir sans relâche auprès du gouvernement britannique, de lui faire comprendre la solidarité de ses intérêts avec ceux de l'Europe, de lui montrer quelle imprévoyance il y aurait à traiter trop à la hâte avec des républiques à peine écloses, et dont quelques-unes étaient déjà menacées par les États-Unis. L'Angleterre persévérait-elle dans ses dispositions, d'autres moyens plus énergiques étaient en réserve; il serait facile de l'inquiéter et au besoin de l'intimider par la menaçante perspective d'une occupation indéfinie de l'Espagne : campée à Cadix et à l'île de Léon, à la Corogne et à Badajoz, l'armée française ne se trouvait-elle pas singulièrement rapprochée de Gibraltar et du Portugal ? Sous l'empire de cette arrière-pensée, M. de Chateaubriand mandait au prince de Polignac : « Si l'Angleterre précipite trop la

[1] Lettre du 17 février 1824.

question, si elle se décide, malgré les protestations de l'Espagne et le sentiment des cours alliées, à reconnaître l'indépendance des colonies espagnoles, les choses n'iront pas aussi facilement; nous pouvons gêner le pavillon de ces colonies, y soutenir le parti royaliste; et enfin si l'Angleterre nous poussait à bout, nous n'avons pas encore évacué Cadix, Barcelone et la Corogne. *Ceci*, prince, *est pour vous seul*, et pour vous faire comprendre que, sans manquer aux convenances et à la mesure diplomatique, vous pouvez parler d'un ton ferme à M. Canning[1]. »

Les choses allèrent ainsi jusqu'au printemps de 1824; à cette époque, l'on put croire que la solution désirée se réaliserait. Du côté de l'Espagne et des puissances continentales les plus gros empêchements étaient levés. En Amérique, les vices des institutions républicaines se trahissaient de plus en plus dans les souffrances des populations, ce n'étaient que guerres civiles se mêlant à la guerre nationale qui durait toujours; tandis que les soldats de Ferdinand VII occupaient encore le fort d'Ulloa auprès de la Vera-Cruz, Iturbide préparait une expédition contre la patrie qui l'avait chassé. Peu à peu aussi l'Angleterre quittait son attitude chagrine et solitaire; aux ardentes invectives dont M. Canning avait poursuivi la campagne d'Espagne, succédaient les plus beaux hommages à la vertu militaire comme à la mission libérale de notre armée et de son chef, le duc d'Angoulême[2]. La

[1] Lettre du 6 novembre 1823.

[2] Dans la séance de la Chambre des communes, du 23 mars 1824, l'opposition attaqua en termes très-vifs l'occupation de l'Espagne par les Français : « Il n'y a pas dix ans, disait notamment lord John Russell, que le sang anglais le plus pur a été répandu en Espagne pour affranchir cette contrée du joug français, et cependant les Français sont aujourd'hui maîtres de ces champs où nous avons livré tant de combats; leurs étendards flottent sur les tours de Cadix, de Badajoz et de Saint-Sébastien, dont la conservation ou la conquête nous avait coûté tant de trésors! Tant que ce pays restera occupé par l'armée d'invasion, qui osera dire qu'un tel état de choses n'intéresse pas essentiellement le Parlement et la nation! »

M. Canning répondit qu'il fallait se fier à la loyauté du gouvernement français; puis il ajouta : « Pour éviter les guerres civiles, les déchirements intérieurs dans un pays où l'union est impossible en ce moment, la présence d'une force étrangère est de toute nécessité, et les Français sont plus que tous autres, capables de remédier au mal qu'il s'agit de guérir. Je ne veux pas dire cependant que le bien qu'ils peuvent faire efface l'injustice de l'invasion : leur système a été vicieux, je le répète, mais

session du Parlement était presque arrivée à son terme, et cette fameuse reconnaissance des républiques américaines, dont s'était vanté M. Canning dès le mois d'octobre 1823, n'avait pas eu lieu : loin de là, M. Canning lui-même, au mois de mars 1824, s'était chargé de faire rejeter une motion d'un membre de la Chambre des communes, sir James Mackintosh, qui tendait à la provoquer; et quelques jours auparavant, à la Chambre des lords, le vénérable lord Liverpool, répondant à lord Lansdown dans le même sens, n'avait pas caché sa préférence pour la formation de nations indépendantes, au Nouveau-Monde, sous le régime monarchique. Le gouvernement britannique en était venu à ne plus repousser absolument l'établissement d'un infant au Mexique où l'ombre croissante des États-Unis lui donnait à réfléchir. M. de Chateaubriand avait quelque raison d'écrire au prince de Polignac, le 10 mai : « Je n'ai jamais désespéré de cette affaire, parce que la résistance passive de l'Espagne, et du continent avec l'Espagne contre l'indépendance complète des Amériques espagnoles doit embarrasser beaucoup l'Angleterre; » et le 19 mai, à M. de la Ferronnays : « Tout marche à présent; le Parlement va finir, et alors j'ai toujours l'espérance d'amener l'Angleterre à écouter ses véritables intérêts. »

Sur ces entrefaites tout manqua; on n'avait surmonté les grands obstacles que pour échouer contre les petits. C'était au mois de mai de l'année 1824 que M. de Chateaubriand s'abandonnait à cette con-

leur conduite pendant les hostilités a été digne des plus grands éloges. Il serait difficile de citer un autre exemple d'une armée nombreuse traversant tout un royaume dans une si bonne tenue, faisant si peu de mal, et prévenant partout celui que d'autres voulaient faire... Enfin, une chose bien remarquable, c'est que le parti fanatique est précisément celui qui se trouve comprimé en Espagne par les Français. On n'a donc pas à leur reprocher la persécution des libéraux, comme quelques-uns le prétendent. Au contraire, les constitutionnels les appellent aujourd'hui comme protecteurs. Les fanatiques, qui étaient entrés en Espagne pour détruire les constitutionnels, sont mis chaque jour hors d'état de nuire, et ce sont eux particulièrement qui demandent le départ des troupes françaises. »

Qu'on veuille bien rapprocher un instant de ce langage celui que tiennent aujourd'hui lord Palmerston et le même lord John Russell, devenu comte Russell, sur l'occupation de Rome par les Français! Et cependant elle est mille fois moins faite, aux points de vue politique, stratégique ou autres, pour leur inspirer de l'ombrage, que l'occupation de l'Espagne!

fiance; quelques jours après, le 6 juin, il était brusquement renversé du ministère, non point par un vote des Chambres ou par un mouvement de l'opinion, mais par une rivalité intérieure de cabinet. Il tomba, emportant avec lui tous ses projets. Des monarchies bourboniennes d'Amérique, du congrès d'où elles pourraient pacifiquement sortir par un acquiescement unanime, il n'y eut plus trace; comme l'Espagne dans l'absolutisme, les colonies allèrent à la dérive dans l'anarchie. Les événements vont se précipiter avec un enchaînement qui ne laisse rien à ajouter : en octobre 1824, les Mexicains, vainqueurs d'Iturbide, leur pauvre empereur relaps qu'ils ont fusillé, promulguent solennellement leur constitution républicaine; au mois de novembre, le gouvernement français communique au gouvernement britannique la détermination qu'il a prise de retirer d'Espagne la plus grande partie de l'armée d'occupation; le 1er janvier 1825, M. Canning annonce officiellement au Corps diplomatique que l'Angleterre reconnaît l'indépendance des États de Buenos-Ayres, du Mexique et de Colombie, qu'elle se dispose en conséquence à nommer des chargés d'affaires dans leurs capitales et à passer avec chacun d'eux des traités de commerce. Dès lors c'était fini; quand, au mois d'avril suivant, M. de Metternich voulut à son tour recommencer une négociation dont naguère, avec sa frivolité grave, il avait souri comme d'une chimère, quand, *pour maintenir*, écrivait-il, *le principe monarchique et éviter un grand scandale*, il offrit à M. Canning un compromis par lequel les puissances continentales reconnaîtraient, à l'exemple de l'Angleterre, l'indépendance des nouveaux États américains, mais par lequel, en revanche, elles ne seraient pas entravées dans leurs efforts pour fixer à l'amiable cette indépendance sous l'autorité de princes légitimes, le ministre de Georges IV invoqua le fait accompli, il répondit *qu'il était trop tard*. L'Espagne n'avait plus qu'à se courber devant l'inexorable arrêt de la nécessité : le 18 novembre 1825, les derniers soldats qu'elle avait au Mexique évacuèrent le dernier coin de terre qu'ils possédaient à la Vera-Cruz; le drapeau de Fernand Cortez cessa de flotter sur le fort d'Ulloa. M. de Villèle hésita quelque temps encore, avant d'envoyer à Mexico un chargé d'affaires sous le titre d'agent commercial supérieur; dans l'intervalle, il s'était enlevé tout prétexte de différer, le jour où, reconnaissant, moyennant une indemnité fictive, l'État d'Haïti engraissé de la dépouille de nos colons, il avait vendu l'indépendance à une république insolvable de noirs révoltés. Le président du Mexique disait avec une justesse relative, dans son message au Congrès, le 1er janvier 1826 : « Quelle que soit la véritable intention de l'acte, jusqu'alors sans exemple en diplomatie, qui a reconnu l'indépendance d'Haïti, toujours est-il qu'il a reconnu le droit d'insurrection, et mis ce principe, qui convient à notre temps, au-dessus de celui qui faisait les rois propriétaires des nations comme de vils troupeaux. Je considère cet événement comme un grand pas fait par la France vers l'exemple que lui a donné son heureuse rivale, l'Angleterre. »

« Nous regrettons, quant à nous, que l'expérience tentée par M. de Chateaubriand n'ait pas été poussée jusqu'au bout. Quoi qu'il advînt, dût-elle avorter avec éclat, rien n'eût été pire que ce qui est arrivé, rien ne pouvait être plus dommageable à tous les grands intérêts des deux mondes; réussissait-elle, au contraire, par un hasard qui n'aurait pas été extraordinaire, quel bienfait universel! Quel triomphe pour l'Amérique et pour l'Europe! A l'heure du siècle où nous sommes, au milieu de ces régions splendides où le regard ne distingue guère que des formes de peuples roulant confusément dans une agitation stagnante, il y aurait des Bourbons couronnés parmi des citoyens libres; peut-être les fils de don Carlos, ces infants que nous avons vus si douloureusement vivre et mourir pour leur pays et pour leur race, commanderaient-ils en paix à des nations prospères comme le Brésil? Et même la surabondance du sang de France étant venue en aide à l'Espagne pour remplir tous les trônes vides d'outre-mer, qui sait si Buenos-Ayres ou bien Mexico ne reposeraient pas aujourd'hui sous l'épée de quelqu'un de ces princes qui d'Anvers et de Constantine se sont montrés jusqu'à Saint-Jean d'Ulloa? C'est un des traits de l'histoire contemporaine que presque toujours la cause de la civilisation a perdu la partie sans même l'avoir jouée.

Nous n'avons nul dessein d'établir la moindre comparaison entre la négociation ébauchée alors et la récente expédition franco-espagnole, mort-née sous nos yeux. Trop de différences, et des différences trop saisissantes, existent entre les situations respectives des deux alliés, pour qu'il soit besoin de s'y arrêter! Et pourtant, puisqu'en 1862 la France faisait ce qu'elle n'avait pas voulu faire en 1824, puisqu'elle s'imposait la lourde tâche de régénérer à main armée le Mexique, n'y avait-il pas encore avantage pour elle à utiliser, avec le précieux concours, l'ambition naturelle de l'Espagne ? Nous souhaitons ardemment qu'une solution définitive, plus prompte et plus sûre, moins chanceuse et moins coûteuse, nous prouve vite notre erreur.

A Dieu ne plaise d'ailleurs que la conduite du cabinet de Madrid nous paraisse exempte de reproches! Ce n'est pas précisément la retraite de ses troupes à Orizaba que nous blâmons; du moment que le général Almonte et quelques autres pouvaient publiquement, presque officiellement, sous la protection des couleurs françaises, arborer le nom de l'archiduc Maximilien pour l'empire futur du Mexique, il était difficile aux Espagnols de s'employer au succès d'une candidature qui ne semblait inventée que pour l'exclusion d'un de leurs Bourbons[1]. Oui, demander à la reine Isabelle d'infliger à son peuple et à sa dynastie cet affront, demander à la petite-fille de Louis XIV et de Philippe V de placer la Maison d'Autriche là où ses aïeux avaient placé la Maison de France, de donner un démenti à ce qu'ils avaient poursuivi à travers cent batailles, de renier en Amérique le testament de Charles II et le traité d'Utrecht, qui sont après tout ses titres devant l'Europe, c'était trop présumer de la bonne volonté humaine! Le tort de l'Espagne a été de ne pas percer dès le principe l'obscurité qui couvrait, pour le lendemain de la victoire, le terme suprême de l'entreprise, elle a fait à peine quelques réserves vagues, dénuées de sanction[2]; elle a marché en avant, espé-

[1] On se rappelle le procès-verbal de la conférence des commissaires alliés, tenue à Orizaba le 9 avril 1862. Le général Prim et le commodore Dunlop attestèrent l'un et l'autre que le général Almonte leur avait déclaré « qu'il comptait sur l'influence des trois puissances pour changer la forme du gouvernement du Mexique en une monarchie, et pour en placer la couronne sur la tête de l'archiduc Maximilien d'Autriche..., qu'*il était sûr de l'appui des armes françaises*. » Là est la véritable cause, sinon de la retraite du général Prim, que des considérations personnelles et particulières ont influencé, du moins de l'approbation que le gouvernement espagnol a donnée à sa conduite.

[2] Dépêche de M. Calderon Collantes à M. Mon, ambassadeur de S. M. C. à Paris, du 9 décembre 1861 : « La même ample liberté devra être laissée aux Mexicains

rant sans doute que par un débarquement rapide à la Vera-Cruz, elle déjouerait tous les projets ou les déciderait en sa faveur; puis, cette faute commise, elle l'a aggravée en présentant le mauvais exemple d'un allié qui déserte son allié en face du péril.

Chose triste à penser! une coopération destinée à nous créer, de l'un et de l'autre côté de l'Atlantique, des liens puissants de solidarité et d'amitié, a tourné contre elle-même; le dénoûment subit qui l'a brisée, a rapproché de l'Angleterre l'Espagne et du parti qui est notre ennemi au Mexique, le parti conservateur, le parti européen, le parti espagnol, à l'exception toutefois de Marquez, le lieutenant le plus décrié de Miramon. Et pour résoudre le problème soulevé à trois mille lieues de nos rivages, pour renverser Juarez comme pour l'œuvre infiniment plus embrouillée et plus longue de le remplacer, la France est demeurée seule!

pour choisir le souverain qui devra les gouverner, s'ils préfèrent la monarchie à la république. Mais le gouvernement de S. M. ne pourra pas dissimuler qu'en ce cas il croirait conforme aux traditions historiques et aux liens qui doivent unir les deux peuples, qu'un prince de la dynastie de Bourbon, ou intimement allié avec elle, fût préféré. »

VI

Mais ici se présente une question : que va faire la France au Mexique?

Nous n'avons, pour nous orienter en une matière aussi délicate, parmi les conjectures les plus diverses et les commentaires les plus contradictoires, que le discours de M. Billault au Corps législatif, le 27 juin dernier. A entendre l'orateur officiel, appuyé par la proclamation récente du général Forey, la France appellerait au scrutin tous les citoyens et les inviterait à se prononcer sur les mérites de leur gouvernement; elle serait décidée, pour son compte, à ne jamais négocier avec Juarez, à moins toutefois que le suffrage universel ne le renvoyât au pouvoir d'où nos armes l'auraient précipité, car alors, ajoutait M. le ministre sans portefeuille, *si le gouvernement de Juarez convient aux Mexicains, ainsi soit-il!*

Nonobstant ces déclarations, nous avons peine à croire qu'il suffise à un grand peuple d'assister en amateur au spectacle, d'ailleurs très-amusant, de cinq à six millions d'Indiens transformés en électeurs. Cette attitude serait trop modeste; après l'énorme responsabilité qu'il a librement acceptée, le gouvernement impérial est tenu d'avoir un avis dans les affaires du Mexique, il est tenu de le faire triompher, de peur que, là aussi, tout cela ne finisse n'importe comment.

Nous nous trouvons ainsi ramenés à notre première question :

que voudra la France au Mexique, une monarchie ou une république?

Si c'était une monarchie qui dût sortir de l'urne, nous n'en aurions guère compris qu'une seule. Il nous eût paru raisonnable ou plutôt rationnel que le gouvernement se réservât les bénéfices de l'opération dont il courait les chances et endurait les charges; qu'il tentât au Mexique ce qu'on avait reproché à Louis-Philippe de n'avoir pas accompli en Belgique; qu'en un mot, puisqu'il se donnait les embarras de faire un roi, il le fît français. Pourquoi, par exemple, le prince Napoléon ne serait-il pas intronisé empereur d'Anahuac, comme on disait d'Iturbide? Avec un souverain de sa création et de sa race, la France aurait plus de garanties d'une alliance fidèle et sûre, elle serait dans des conditions meilleures pour tirer quelque profit sérieux du Mexique, pour changer cette lande de la barbarie en une espèce de Canada aurifère et argentifère où elle battrait monnaie; peut-être, dans une dislocation fatale des États-Unis, ce grand nom de Napoléon se dressant sur un point des rivages américains, pourrait-il attirer vers le royaume naissant le Texas, où émigrèrent après 1814 de nombreux vétérans de nos armées, la Louisiane, que les premiers jours du siècle trouvèrent toute pleine encore de la France!

Nous ne prétendons nullement, qu'on veuille bien ne pas l'oublier, exprimer un regret ou un vœu, nous sommes même convaincu que le but à atteindre serait hors de proportion avec l'enjeu et les risques; ce que nous nous bornons à remarquer, c'est qu'en cas d'établissement monarchique à Mexico, il y aurait là, dans l'avénement d'un prince français, l'apparence d'un succès national comme prix de tant d'efforts et de dépenses. M. Billault, du reste, a annoncé que rien de pareil ne se produirait; il a reconnu l'hypothèse, la probabilité même d'un essai de monarchie, puis il s'est empressé d'ajouter, dans son discours du 27 juin : « La France n'a dit qu'une chose : je déclare n'avoir ni pour mon pays ni pour la famille impériale aucune ambition, je ne rêve aucune conquête. » C'est pousser un peu loin l'abnégation, dès qu'on se résout aux rudes nécessités de la guerre; quand Louis XV, de futile mémoire, se vantait au traité d'Aix-la-Chapelle de faire la paix *en roi et non en marchand*, il élevait des fils de France sur ces trônes de Naples et de Parme que viennent de renverser les Piémontais pour se blottir dans leurs débris.

Nous cherchons alors avec une curiosité inquiète quel serait le candidat français au Mexique.

En dépit de quelques théoriciens plus en faveur auprès du pouvoir qu'en vogue auprès du public, nous ne nous résignons pas à admettre que la pensée du gouvernement impérial se soit sérieusement arrêtée sur l'archiduc Maximilien d'Autriche ou sur tout autre prince étranger, badois, suédois, hollandais, russe.

Certes, pour ne parler que d'un seul, de celui qui après tout vaudrait le mieux, de l'archiduc Maximilien, l'idée en elle-même ne laisse pas d'être piquante; en un temps où le principe des nationalités sert à jeter à bas des dynasties qui ne justifient, comme celle de saint Pierre à Rome, que de dix-huit cents années d'existence commune avec leurs peuples, s'en aller choisir pour commander à un mélange d'Aztèques, d'Alpaches, d'Indiens, de Latins, d'Ibères, de créoles, de métis, qui donc? un Allemand, cela semble une plaisanterie! Plaisanterie amère et cruelle pour la France! Imaginez-vous cet Allemand subitement transporté au Mexique; quelles que soient ses qualités personnelles, il sera dépaysé, sans racines dans le sol, sans appui dans les traditions, exilé parmi ses sujets avec lesquels il ne correspondra que par truchement, ayant contre lui le parti européen de Miramon et le parti américain de Juarez, tout perdu dans une désespérante unanimité d'indifférence et de haine. Qui l'assistera? Qui lui fournira une garde? Qui l'aidera à expérimenter son empire? Ce ne sera pas l'Espagne; promu malgré elle et contre elle, le prétendant devra s'arranger sans elle. Ce ne sera même pas l'Autriche : à une autre époque, elle n'eût pas manqué de saisir avec son opiniâtreté proverbiale cette occasion de reprendre pied au Nouveau-Monde; aujourd'hui que, des Alpes du Tyrol aux montagnes de la Hongrie et de la Bohême, un tas de brouillons lui disputent jusqu'au nécessaire, elle a peu de goût pour le superflu ruineux d'une vice-royauté dans les Cordillères. Ce sera la France! Cette même France qui jadis, avec Louis XIV, Villars, Torcy, s'acharnait à supplanter dans la succession de l'Espagne la Maison d'Autriche! Son rôle serait changé, elle ne pourrait évacuer le pays qu'elle n'eût étayé son œuvre, sans quoi tout croulerait derrière elle; l'honneur la condamnerait à faire de son armée une légion étrangère à Mexico, le tout pour assurer un apanage transatlantique à un cadet des Hapsbourgs.

Nous osons même prédire que, la monarchie de l'archiduc finît-elle par se soutenir de ses propres forces, le bénéfice ne serait pas pour nous; avec le dernier de nos soldats se retirerait notre influence, et le pavillon britannique se déploierait bien vite sur notre protégé. Tant que l'édifice sera inachevé et chancelant, nous n'avons pas de rivalité à craindre, l'Angleterre demeurera soigneusement et dédaigneusement à l'écart; si, d'abord, elle a fait mine de contribuer à l'expédition, ç'a été dans des vues assez confuses, peut-être pour surveiller de plus près la France et l'Espagne, peut-être aussi dans le désir de pratiquer du côté du Texas une brèche par où elle achèterait aux États du Sud leur coton et leur livrerait ses produits; mieux avisée, elle est rentrée dans son isolement, elle attend et regarde, plutôt favorable qu'hostile à une entreprise qui nous occupe à grands frais, inquiète et irrite l'Amérique du Nord, détourne du Canada une explosion imminente. Qu'il s'élève jamais au Mexique quelque établissement respectable; elle se remontrera alors, pour le confisquer ! L'Angleterre a sur nous une incontestable avance; toutes les places de sûrete, tous les postes importants sont à sa discrétion. Pendant que de nos antiques richesses coloniales de la Louisiane et de Saint-Domingue nous n'avons pas conservé la moindre station maritime, cette nation, que la liberté a faite si grande, est partout, elle possède à l'entrée du golfe du Mexique les îles de Bahama, au milieu la Jamaïque, à l'extrémité Balise, comptoir autrefois fondé par ses négociants pour l'exploitation des bois de teinture et d'ébénisterie, seul port oriental de la presqu'île de Yucatan, rade magnifique qui s'étend sur un espace de cinq lieues. Dans l'intérieur même du Mexique, elle a des intérêts engagés : c'est à ses nationaux qu'appartiennent les mines d'argent de Montréal; ses vaisseaux de guerre s'adonnent régulièrement, le long des côtes, à la contrebande des piastres; ils ont, en certaines années[1], recueilli à cette source

[1] M. Michel Chevalier, dans un article publié le 15 décembre 1846, sur *les mines d'argent et d'or du Nouveau-Monde*, dit « que la valeur des métaux précieux embarqués en 1840 dans les différents ports mexicains de l'océan Pacifique, sur les navires de guerre anglais, par contrebande, s'est élevée à plus de 6 millions de piastres. »

pour plusieurs millions de métaux précieux. Devant cette puissance anglaise qui l'enserrera de toute part, puissance mortelle à ses ennemis et propice à ses amis, comment l'archiduc d'Autriche ne tomberait-il pas tout entier sous le joug d'une alliance vers laquelle l'inclineraient déjà des sympathies communes, des habitudes domestiques et séculaires? Quelque chose se passera au Mexique de ce qui vient de se passer en Syrie; il est plus de ressemblance qu'il ne paraît, entre le nouveau monde espagnol et le vieux monde turc, l'un et l'autre enfouis dans une oisiveté agitée, avec cette différence toutefois, qu'à travers toutes leurs souffrances, celui-ci se reconstitue et celui-là se décompose! En Syrie comme au Mexique, deux partis, ou, pour mieux dire, deux races animées de passions furieuses se trouvaient en présence : pour les faire vivre en paix, il fallait s'appuyer sur la race la plus nombreuse et la plus saine, les Maronites, lui demander un chef dont l'autorité s'exercerait également sur tout le Liban; au lieu de cela, toutes les forces indigènes ont été rejetées en bloc, Joseph Karram a eu le même sort que Miramon, on a improvisé un Arménien de Constantinople, lequel, inconnu, suspect, odieux à tous, gouverne adossé à la Grande-Bretagne.

Mais nous raisonnons comme si la monarchie mexicaine avait pris quelque consistance; il y a plus de chances pour qu'elle n'arrive même pas à terme, invinciblement contrariée par la nature des choses, ou bien dispersée dès ses premières semences par un ouragan venu du dehors.

A considérer simplement le Mexique, que de motifs d'appréhension! Est-il temps encore pour une monarchie? Après des convulsions de toute sorte, dans les terres mouvantes de cette société plus dissoute que dissolue, au milieu d'hommes à qui manquent les vertus civiques comme les vertus chevaleresques, un trône aura-t-il où s'implanter? Les conspirations, les ambitions, les querelles de races, les révoltes du sang américain et du sang indien ne se déchaîneront-elles pas impunément dans ces contrées d'une immensité insaisissable? La république, qui est le juste idéal des nations assez viriles pour se conduire elles-mêmes, n'est-elle pas aussi, comme le remarquait M. Donoso Cortès, le gouvernement légitime des sujets ingouvernables? C'est le comble de la misère, pour les peuples, de ne pouvoir plus supporter le remède qui les sauverait; ils ont besoin d'un principe de durée, d'une règle immuable et supérieure, et ils s'en sont rendus incapables; accessibles à la peur, ils ont cessé de l'être au respect; ils poursuivent l'ombre de plus en plus effacée de la royauté dans des dictatures de plus en plus avilies.

A l'extérieur, sur les frontières, le péril n'est pas moindre, un geste de l'Amérique du Nord bouleverserait les matériaux à peine rassemblés de la monarchie. Et ce péril, qu'on ne le croie pas supprimé par la crise qui sévit en ce moment; elle ne l'ajourne dans le présent que pour lui donner, dans un court avenir, plus d'intensité.

Si l'Union américaine se ressoude jamais, elle aura subi une transformation, elle sera bien près d'être l'unité. Ce n'est pas en vain que la guerre, avec tous les jeux de la force, s'abat sur une société : elle la dénature; d'autres goûts, d'autres mœurs se prennent; tous les instincts de violence qui bouillonnaient dans les profondeurs cachées, montent au sommet, tous les défauts innés tendent à grossir, le citoyen s'annule sous le soldat, et le règne du droit sous la loi martiale. Quelle révolution déjà! Une armée qui se suffisait avec un effectif de treize mille hommes, en compte plus d'un million; de son autorité privée, le Président, l'intègre et scrupuleux M. Lincoln luimême, contracte des emprunts, convoque des milices, suspend l'*habeas corpus*. Encore quelques années de ce genre, et des innombrables multitudes enrégimentées qui ont changé le pays le plus libre et le plus heureux du monde en un cirque où l'on s'égorge, sortira vraisemblablement une démocratie militaire, menée par un gouvernement plus concentré et plus compacte. Supposez la paix conclue, tous ces bras et toutes ces âmes désarmeront-ils par enchantement? Où les occuper? Quel emploi offrir à ces ambitions? Quelle diversion à ces haines? Quel aliment à ces passions qu'on entendra gronder, douloureusement repliées sur elles-mêmes? Le champ de bataille, le terrain commun où se consommera la réconciliation, sont tout indiqués : ils seront au Mexique.

Que si, au contraire, un nouvel État s'élève, ce sera pis encore; il a notifié depuis longtemps sa morale, sa politique, son droit des gens. L'annexion du Mexique, celle de Cuba, celle du Nicaragua, les programmes officiels de M. Buchanan, les prospectus officieux de

Lopez et de Walker, voilà quelle sera la Charte diplomatique de la Confédération du Sud : créée par la guerre et pour la guerre, obligée d'être perpétuellement sous les armes, industrieuse association de négriers et de flibustiers régie par une dictature, cette Confédération n'aura qu'à aller en avant, elle conduira jusqu'à sa dernière étape la besogne inaugurée au Texas. Le Nord ne sera plus là pour la gêner de ses méticuleuses entraves, elle aura des freins de moins et des aiguillons de plus : à ses appétits d'usurpation et de conquête s'ajoutera maintenant pour elle le besoin de la conservation; elle devra s'arrondir et s'agrandir à tout prix, afin de ne pas être trop inférieure à l'autre Confédération qui s'agitera sur sa tête.

Ah! ils sentiront tôt ou tard leur faute, les imprudents qui dès le début ont accueilli et précipité les événements d'Amérique avec une joie sauvage. Il était si facile de tenter une pacification! Le grand cœur de la France s'interposant entre ces frères divisés n'aurait-il pas été capable d'exercer l'office sublime qu'en 1833, deux simples citoyens, MM. Clay et Calhoun, avaient rempli au milieu des acclamations et de la gratitude nationales? Qu'y avait-il à faire, au surplus? S'adresser d'abord à ceux qui étaient les révoltés et les assaillants, ne leur témoigner aucune sympathie, ne leur laisser aucune espérance, parler énergiquement à leurs délégués qui conspiraient en Europe, leur montrer dans l'opinion publique indignée et unanime le mur d'airain qui s'élèverait éternellement contre leur cause flétrie par l'esclavage; puis se tourner vers les États du Nord, vers les chefs qui les représentent et les dirigent, vers M. Lincoln, en appeler à cette longanimité dont ils ont fourni tant de gages, les exhorter à toutes les concessions acceptables, leur conseiller l'abaissement des tarifs exorbitants, la ratification et au besoin l'extension des garanties constitutionnelles pour l'indépendance des souverainetés locales. Et quel rôle pour la France, deux fois mère des États-Unis! Quel magnifique rajeunissement de son influence aux sources mêmes qui l'avaient fondée! Avec l'honneur lui serait échu le profit, et le service rendu à l'humanité aurait abouti par surcroît à son avantage particulier; d'une main elle sauvait d'épreuves sans but la république américaine, de l'autre elle la ramenait à des conditions de modération et d'équilibre : le lien fédéral se serait trouvé relâché et

non rompu; il n'y aurait toujours eu qu'un gouvernement central, mais avec des intérêts de plus en plus distincts et de mieux en mieux protégés alentour, pour être son contre-poids; la masse intacte des États-Unis aurait perdu de sa puissance d'agression contre les neutres, les inoffensifs, les faibles, et elle aurait gardé toute sa force de résistance contre l'Angleterre. Ce n'est pas, hélas! ce qui s'est passé; l'insurrection avait commencé à peine, que déjà les excitations et les hommages lui étaient prodigués. Les écrivains familiers, ceux-là précisément dont les résultats de la guerre faite au Pape avaient attesté les informations exactes, s'étaient remis en campagne; ils donnaient à la grande république du Nouveau-Monde la gloire de se voir bafouée comme l'humble royauté pontificale; les redresseurs d'abus à Rome étaient à Richmond les courtisans les plus souples de l'esclavage; de la même bouche qui saluait l'unité de l'Italie, cette chimère de Mazzini gorgée de sang, ils déclaraient morte à jamais l'Union américaine, cette pensée de Washington et de Louis XVI consacrée par plus d'un demi- siècle de majestueuse et bienfaisante fécondité. Il ne leur a pas suffi que les droits des belligérants fussent conférés tout de suite aux sécessionistes : ils leur ont annoncé tous les matins une intervention, une médiation, une reconnaissance, dont ils avaient l'air en même temps, par une aggravation d'outrage envers la France, de demander le signal à lord Palmerston; ils ont été ainsi, sorte d'agents provocateurs, montant les esprits et encourageant les sacrifices par le leurre d'un prochain secours, entraînant aux résolutions décisives et irréparables, allumant peu à peu avec des brandons épars, avec des étincelles fugitives, le formidable incendie qui ravage aujourd'hui un des plus beaux monuments de la dignité humaine. Puisse leur patrie, puisse la France ne pas apprendre trop chèrement ce qu'il en coûte d'immoler les créations profondément simples de la Providence et des années aux arrangements arbitraires de la fantaisie et du hasard! Et puisqu'ils sont les mêmes qui ont réclamé un roi pour le Mexique, ils auront simultanément dressé la pierre d'achoppement contre laquelle se heurtera et volera en éclats leur monarchie future.

VII

Nous n'ignorons pas que les ingénieux publicistes qui nous occupent ne sont pas troublés pour si peu, ils ont une ressource qu'ils ne produisent encore qu'à mots couverts; patience, elle éclôra à son heure : c'est d'annexer ou tout au moins d'unir aux États du Sud le Mexique, de confondre les deux questions, de faire des deux peuples une même et vaste Confédération. Çà et là, des difficultés de détail pourront se rencontrer, les États du Nord seront mécontents, ils résisteront; rien de plus aisé que de passer outre : à quel meilleur usage employer ces bâtiments cuirassés, ces batteries blindées, ces chaloupes canonnières, tout cet immense appareil naval, dirigé au Mexique contre un pays sans flotte et sans fleuves? On reconnaîtrait d'abord les États du Sud comme nation indépendante et séparée; après, viendrait le traité d'alliance; après, la coopération armée. La France serait conviée à jeter son glaive en guise de hache dans le faisceau déjà brisé de l'Union, elle donnerait à la victime le coup de grâce. Ce serait à nous, bien entendu, à reprendre la Nouvelle-Orléans aux fédéraux, à pourchasser et à détruire leur marine, à nettoyer le Mississipi et ses affluents de tous les obstacles qui partagent en deux le camp des sécessionistes, à rétablir la liberté des communications depuis le Texas jusqu'à la Caroline; et bientôt, sous nos auspices, la Confédération méridionale, accrue du Mexique, régnerait paisiblement entre les deux océans.

A merveille! Seulement, sans même nous arrêter à la moralité des moyens, nous voici loin du but assigné et des perspectives entr'ouvertes; adieu la monarchie latine et catholique dans laquelle devait revivre le Mexique sous le protectorat de la France! L'œuvre est moins héroïque, il s'agit de tuer nous-mêmes notre client, puis d'enfler avec ses restes la grande république négrière qui est en train de se constituer sous la suzeraineté de l'Angleterre. Le Mexique, au bout du compte, retirerait de notre expédition la dernière honte qu'il n'a pas encore, l'esclavage, que lui inoculeront les États du Sud, tout comme ils l'ont inoculé au Texas, où il n'y avait pas en 1840 un esclave, et où le recensement en marquait cinquante-huit mille cent soixante-un en 1850, cent soixante-quatorze mille neuf cent cinquante-six en 1860.

Alors on se récrie, on proteste, on jure bien haut que l'esclavage est la plus mince préoccupation des séparatistes, qu'il n'est pour rien ou presque pour rien dans leur querelle; nos docteurs sont mieux informés que les belligérants eux-mêmes, des motifs authentiques de la guerre. C'est à propos de tarifs, c'est au sujet de dissidences sur les avantages de la protection et du libre-échange, que les États-Unis se ruinent consciencieusement, que les États du Nord se condamnent à une dépense annuelle de plus de trois milliards pour leur budget militaire, que les États du Sud décrètent la banqueroute, émettent le papier-monnaie, brûlent sur place leurs ballots de coton, au lieu de les expédier en Europe par la Nouvelle-Orléans débloquée! C'est par amour-propre, par une pure rivalité de prépondérance, que des citoyens d'une nation jeune, florissante, prospère, se traitent mutuellement comme, au jour de leurs plus aveugles fureurs, ils ne traitaient pas les Hurons et les Peaux-Rouges!

A des assertions aussi bouffonnes il n'y a guère à opposer que l'évidence.

Non, assurément, que les États du Nord aient pris les armes pour l'abolition de l'esclavage; ils n'ont pas été les agresseurs, et lorsque le droit de la plus légitime défense qui fut jamais, leur eut montré enfin leur devoir impérieux et terrible, ils n'ont pas dit, comme on le leur eût reproché si amèrement : Périsse l'Union plutôt qu'un principe! Décidés, plus décidés que par le passé, à se préserver chez eux de tout contact de l'esclavage, à ne plus en souffrir l'importation illimitée dans les nouveaux territoires, à ne plus tolérer que leurs officiers fussent chargés d'en faire la police par une interprétation abusive du bill des fugitifs, ils ont respecté pleinement ce que les autres nommaient leur institution particulière, ils se sont inclinés devant la souveraineté intérieure des États, ils ont gardé le pacte fédéral avec une fidélité, des ménagements, une religion que leurs détracteurs, oubliant leurs arguments de la veille sur les prétendus empiétements du Nord, se sont mis à dénoncer comme une indifférence coupable à l'endroit des noirs et de la servitude.

Mais s'il n'est pas exact de dire que les États du Nord aient recouru à la guerre pour l'abolition de l'esclavage, il est manifeste que les États du Sud s'y sont précipités par peur de cette abolition : à l'idée d'un Président qui ne serait pas esclavagiste, ils ont eu une panique, la tête leur a tourné; tous ces possesseurs d'hommes ont tremblé pour leur bétail humain, ils n'ont plus rien connu, rien entendu; l'instinct de la propriété même la moins avouable a refoulé le culte de la patrie même la plus maternelle, et ç'a été fini, l'affreuse mêlée avait commencé. Veut-on des témoignages et des témoins? Remontons à une ou deux années en arrière, à 1860 par exemple; M. Buchanan est encore président, M. Buchanan qui, tout enfant du Nord qu'il soit, est naturalisé par les gens du Sud, parce qu'il aime les négriers et les flibustiers. Les passions sont émues, on s'inquiète de l'élection présidentielle qui approche; M. Buchanan ne se contente pas d'employer ou de laisser employer ses derniers mois de pouvoir à désorganiser l'armée de la république, à disperser de côté et d'autre les régiments, à dépouiller les arsenaux au profit des États du Sud qui apprêtent leur révolte, il fait un Message pour donner tort d'avance aux États du Nord. L'Union est en péril, il ne le nie pas; la cause, l'unique cause du mal, ce sont les périls mêmes que court l'esclavage. « Pourquoi, disait-il le 3 décembre 1860, règne-t-il aujourd'hui un mécontentement si universel? Pourquoi l'union des États est-elle menacée de se voir détruite? L'immixtion prolongée et sans ménagements du peuple du Nord dans la question de l'esclavage des États du Sud a produit à la fin ses conséquences naturelles. Le danger ne provient pas seulement de la prétention du Congrès ou des législatures territoriales à exclure l'esclavage des territoires, il ne provient pas seulement des efforts de différents États pour entraver l'exécution de la loi des esclaves fugitifs; ces griefs, soit ensemble, soit isolément, auraient pu être tolérés par le Sud, sans péril pour l'Union, comme d'autres l'ont été, dans l'espoir que le temps et la réflexion y apporteraient remède. Le danger immédiat naît du fait que la violente et incessante agitation de l'esclavage dans tout le Nord, pendant le dernier quart du siècle, a enfin exercé son influence maligne sur les esclaves et leur a inspiré de vagues notions de liberté. » Quelques jours après le Message de M. Buchanan, l'insurrection éclate; c'est de la Caroline du Sud que part le signal : *elle croit devoir à elle-même*, selon ses propres expressions, *elle croit devoir aux autres États d'Amérique et aux autres peuples du monde, d'indiquer les causes immédiates qui l'ont amenée à reprendre son rang distinct parmi les nations.* Sans doute, dans le langage qu'elle va tenir, dans son Acte public, destiné à être la Grande Charte, l'Exposé des Motifs, la Déclaration des Droits de l'homme de cette monstrueuse révolution faite pour la servitude, il sera fort question des tarifs par lesquels le Nord exploite le Sud, de l'odieuse prépondérance sous laquelle il l'accable; non, pas un mot, pas la plus légère allusion n'a trait à ces matières. Sans doute, au moins, la faculté légale qu'ont tous les États d'accéder à l'Union et d'en sortir à leur gré sera l'objet d'une revendication solennelle; pas davantage : ces inventions-là sont réservées à notre continent; il a des écrivains pour lui raconter sérieusement qu'il est au monde un pays où l'on dit dans les contrats : « Je serai engagé si je veux l'être; » où l'on dit dans les statuts des associations : « Je me soumets à la pluralité des suffrages, à la condition que j'aurai toujours la majorité; » où la Constitution autorise les citoyens qu'elle régit à la déchirer si bon leur semble, et à se déchirer eux-mêmes pour incompatibilité d'humeur. Les sécessionistes, rendons-leur cet hommage, ont eu moins de zèle et plus de pudeur que leurs avocats d'office; M. Buchanan, dans son fameux Message, ne ridiculisait pas ainsi la république qu'il aidait à bouleverser : « La Constitution, répétait-il après le président Jackson et tant d'autres, a été faite dans une intention de perpétuité, et non pour être annulée suivant le bon plaisir de l'une ou de l'autre des parties contractantes. » Mais alors, qu'allèguent les meneurs de la Caroline? Qui a été lésé parmi eux? Qui réclame et se plaint par leur bouche? L'esclavage, l'esclavage tout seul! C'est la grande victime qui demande justice! Les États du Nord ont empiété sur ses droits; avec leurs prêtres, leurs orateurs, leurs journalistes, leurs romanciers, elle n'est plus en sûreté, elle est honnie, montrée au doigt, livrée à la moquerie populaire. Ce n'est pas tout : la Constitution est sans cesse violée à son détriment, le bill des fugitifs ne reçoit qu'une exécution mensongère : les États du Nord s'imaginent avoir rempli toutes leurs obligations, parce qu'ils n'empêchent pas les agents des États du Sud de saisir sur leur propre territoire l'esclave qui s'est enfui; équivoque indigne! ils doivent se charger eux-mêmes de rechercher et de restituer le misérable qui s'est volé à son maître. Notons, en passant, que les États du Sud, ces champions farouches des souverainetés particulières, refusent aux États du Nord le droit le plus élémentaire et le plus sacré, le droit d'asile! Les États du Nord, d'ailleurs, poussent plus loin encore le scandale; plusieurs affranchissent l'esclave qui devient leur hôte; quelques-uns ne vont-ils pas même jusqu'à faire de l'affranchi un citoyen? Il ne reste qu'à reproduire le résumé de ces étranges doléances. « Le droit de posséder des esclaves a été reconnu par la concession de droits politiques distincts, faite aux personnes libres, par le droit qui leur a été accordé d'être représentées et taxées d'impôts directs, en proportion des trois cinquièmes du nombre de leurs esclaves, par l'autorisation d'importer pendant vingt ans des esclaves, et par la stipulation relative à la remise des fugitifs. Nous affirmons que ces objets pour lesquels le gouvernement fédéral a été institué, ont été annulés, et que le gouvernement lui-même s'en est fait l'instrument destructeur par l'action des États n'ayant pas d'esclaves. Ces États ont assumé le droit de décider de la convenance de nos institutions domestiques, et ont dénié les droits de propriété établis dans quinze des États et reconnus par la Constitution. Ils ont dénoncé comme étant un péché l'institution de l'esclavage; ils ont permis l'établissement parmi eux de sociétés ayant pour but avoué de troubler la paix et d'enlever les propriétés des citoyens d'autres États. » Puis arrive le crime capital. « Une ligne géographique a été tracée dans l'Union, et tous les États du Nord de cette ligne se sont entendus pour élever aux hautes fonctions de Président des États-Unis un homme dont les opinions et les intentions sont hostiles à l'esclavage. Il doit être chargé de la direction du gouvernement commun, parce qu'il a déclaré que « ce gouvernement ne peut subsister toujours moitié libre, moitié esclave, » et que l'opinion publique doit être persuadée que l'esclavage est sur le point d'être définitivement supprimé. Cette combinaison d'un parti a été favorisée par ce fait que, dans quelques États, on a accordé le droit de cité à des gens qui, en vertu de la loi suprême du pays, sont incapables de devenir citoyens; on s'est servi de leurs votes pour soutenir une nouvelle politique hostile au Sud, et destructive de sa paix et de sa sécurité. » La guerre est donc déchaînée, cette guerre à laquelle on nous assure que l'esclavage est étranger; il faut donner du cœur aux combattants, exaspérer leur enthousiasme, les fanatiser pour tous les sacrifices; écoutez le vice-président de la Confédération du Sud, M. Stephens, c'est l'âme même de la nouvelle république qui respire dans ces paroles : « Notre Constitution vient enfin de résoudre toutes les questions émouvantes qui se rapportaient à nos institutions particulières. L'esclavage a été la cause immédiate de la dernière rupture et de la révolution actuelle. Jefferson avait bien prévu que sur cet écueil se briserait un jour la vieille Union. Il avait raison. L'idée dominante admise par lui et par la plupart des hommes d'État de son temps, a été que l'esclavage de la race africaine était une violation des droits de la nature. Mais ces idées étaient fondamentalement fausses; elles reposaient sur l'égalité des races. C'était une erreur; les fondements de l'édifice reposaient sur le sable. Notre nouveau gouvernement est basé sur des idées toutes contraires. Ses fondations sont placées, sa pierre d'angle repose sur cette grande vérité, que le nègre n'est pas l'égal du blanc, que l'esclavage, la subordination à la race supérieure est sa condition naturelle et morale. Notre gouvernement est le premier dans l'histoire du monde qui repose sur cette grande vérité physique, philosophique et morale. Le nègre, en vertu de sa nature, et par suite de la malédiction de Cham, est fait pour la position qu'il occupe dans notre système. Cette pierre, que ceux qui bâtissaient ont rejetée, est devenue la pierre angulaire de notre nouvel édifice. » Les sophismes ne se sont pas arrêtés là, ils se sont succédé, renchérissant les uns sur les autres et se subtilisant à l'infini; après avoir eu son apologie, l'esclavage a eu son apothéose, et, déjà légal et légitime, il a été proclamé saint; de là ces professions ou plutôt ces confessions de foi des synodes protestants [1], épiscopaux, presbytériens, baptistes, méthodistes, érigeant en dogme l'infériorité du nègre, sa déchéance originelle sans rédemption possible, sa consécration par Dieu lui-même au service, aux besoins, aux plaisirs du blanc. Tant il est vrai qu'en dehors de l'autorité régulatrice de l'Église catholique, la raison individuelle fait dire aux livres révélés tout ce qu'elle veut! Grande leçon aussi pour ces faux savants qui contestent l'unité de la race humaine; leur démenti au Dieu de la Bible et de l'Évangile retombe en oppression sur l'homme!

Aujourd'hui les événements ont marché : selon l'usage, chacun s'est enfoncé plus avant dans ses propres instincts; ce qui n'était qu'une thèse pour plusieurs est devenu pour tous une cause, et la passion a produit la conviction. Pendant que les Etats du Sud, meilleurs que leurs maximes, sont emportés à des énormités qui les perdront, les États du Nord jettent des semences qui ne cesseront plus de fermenter, ils promulguent pour le 1er janvier prochain un édit de libération universelle, ils sont même entraînés à des concessions que n'avait pas prévues leur orgueil, jusqu'à enrôler l'affranchi sous leurs drapeaux, et jusqu'à contracter avec lui cette fraternité des armes qui appelle l'égalité civile. La guerre des États-Unis, commencée au nom de l'esclavage, n'a plus que son abolition pour conclusion suprême et pour excuse; comme si la mystérieuse justice de la Providence avait voulu, avec tout le sang des blancs follement versé, les racheter eux-mêmes, laver et tarir la trop longue iniquité commise sur le nègre!

Eh bien, la question réduite à ces termes simples, y a-t-il pour la France deux façons de penser et deux manières d'agir?

Certes, nous espérons que si jamais la reconnaissance des États du Sud a lieu, ce sera le plus tard possible, à la dernière extrémité.

[1] Voir, pour ces documents, les excellentes *Études morales et politiques* de M. Laboulaye.

L'Angleterre, qui n'a guère de pruderie en fait de droit des gens, a résisté des années à ses désirs et à ses rancunes, avant de traiter officiellement avec les colonies détachées de l'Amérique espagnole; la France, à qui tous ses intérêts conseillent la neutralité, sera-t-elle moins scrupuleuse? Aura-t-elle moins d'égards pour un peuple qui fut toujours son allié et son ami, pour un gouvernement qui hier encore repoussait les offres de Juarez? Dans la situation présente des choses, une reconnaissance que ne suivrait pas une médiation armée serait une investiture inutilement donnée à une insurrection méprisable, elle nous compromettrait en pure perte, elle prêterait un appui moral aux États du Sud sans ôter une ressource matérielle aux États du Nord; nous aurions attisé le feu, et nous ne tenterions même pas un effort pour l'éteindre [1].

Nous devons ajouter qu'une telle démarche, envisagée en elle-même, ne serait pas sans gravité. Lorsque, au Congrès de Paris, l'Empire ottoman, réputé hors la loi, *ex lege*, par un droit public immémorial, fut accueilli dans le concert européen, dans la famille des nations civilisées, ce fut une nouveauté qui ne passera point inaperçue devant l'histoire; que serait-ce si dans *cette auguste confrérie de la chrétienté* [2] venait s'asseoir, conduite et présentée par la France, une république servile, deux fois fratricide par l'inspiration qui l'a conçue et par les moyens qui l'ont enfantée, une république pour laquelle l'esclavage serait, non pas, comme pour le Brésil ou l'Espagne, une souillure accidentelle, une excroissance parasite et transitoire, mais le principe constitutif et la raison d'être, une république qui, à l'ombre de la Croix, en pleine lumière évangélique, dix-huit cents années après la mort du Christ, ferait tranquillement les œuvres du paganisme? Tout effrayés d'une vision pareille, nos regards se détournent involontairement vers le trône d'où une lignée de vieillards sacrés, de-

[1] Ces lignes étaient écrites lorsqu'a paru, dans le *Moniteur* du 15 novembre, la dépêche de M. Drouyn de Lhuys relative à la guerre civile d'Amérique. Malgré une modération de langage à laquelle nous rendons hommage, et bien que M. le ministre des affaires étrangères semble, par son silence au moins, écarter toute pensée de reconnaissance, nous ne pouvons que maintenir nos réflexions. La proposition d'armistice, pour être efficace, devrait aboutir forcément à une reconnaissance diplomatique, qui, pour être efficace à son tour, appellerait une médiation armée.

[2] Madame de Staël

puis Alexandre III jusqu'à Grégoire XVI, lança si souvent l'anathème contre l'asservissement de l'homme à l'homme. Quel contraste! ou plutôt quelle instructive harmonie! Ici, l'humiliation, le pouvoir à moitié détruit, la royauté énervée et mutilée, la liberté menacée du vicaire de Celui que les siècles ont nommé le libérateur éternel; là, l'esclavage réhabilité et couronné! Ces deux spectacles, placés dans les deux hémisphères, sont dignes l'un de l'autre, ils sont le signe des temps.

Mais, quoi qu'il en soit, réclamer plus qu'une reconnaissance diplomatique des États du Sud, contraindre notre patrie à se battre pour eux, à leur livrer le Mexique, à se faire elle-même la pourvoyeuse de l'esclavage, c'est un rêve qui ne s'accomplira pas, ses auteurs en seront pour leurs frais. L'épée de la France, cette épée dont un roi chevaleresque et malheureux brisait les chaînes des derniers captifs d'Alger, s'entrelaçant au fouet du planteur négrier! Dans les lieux où flotta sur le berceau d'une république le drapeau blanc, le drapeau tricolore protégeant de ses plis glorieux l'inviolabilité du gibet de John Brown! Non, grâce à Dieu, cela n'est pas possible, cette joie sera refusée aux ennemis de la liberté, aux âmes basses qui jappent et ne se possèdent plus, toutes les fois qu'elles flairent dans un coin du monde une servitude à défendre.

Nous ne savons si quelques personnes se flattent de trouver dans une reconnaissance octroyée aux États du Sud la rançon de l'esclavage; en tout cas, nous les inviterions à dépouiller vite cette illusion. Quant à une promesse d'abolition à bref délai ou à long terme, on ne l'aura pas, on ne l'aura jamais; la demander à la nouvelle Confédération, même pour prix d'une coopération armée, ne serait pas moins naïf que d'offrir à l'Angleterre un traité de paix perpétuel, pourvu qu'elle renonçât amiablement à Gibraltar, Malte, Corfou, Héligoland, Aden et autres petites bagatelles perdues dans l'espace. Qu'on essaye, au surplus, qu'on tente l'aventure, et l'on verra; nous prévenons qu'une proposition de cette sorte, formulée avec injonction et sommation, du ton qui est à la mode, par exemple, pour convier le Pape aux réformes, aurait chance de rapprocher des États du Nord les États du Sud, et serait peut-être la manière la plus prompte de restaurer l'Union. Tout ce qu'on peut espérer sans trop de présomption, c'est de circonscrire le fléau : la Confédération méridionale s'engagerait au *statu quo*, elle ne profanerait pas le sol libre du Mexique qui lui serait annexé, elle consentirait à être un parc à esclaves, une espèce de Chine fermée où l'on élèverait l'homme à coton, comme dans l'autre on élève le ver à soie. Hélas! nous avons sous les yeux l'échantillon d'une Confédération mi-partie de territoires à esclaves et de territoires libres; l'épreuve a-t-elle si bien réussi, qu'il soit urgent de la recommencer? Les États du Nord ont été d'une complaisance qui touchait à la complicité, ils se sont prêtés à tout, au bill des fugitifs, à leur extradition sans jugement préalable, au compromis du Missouri, qui autorisait la servitude à s'ébattre à l'aise dans une zone déterminée, à l'abrogation de ce compromis qui, cette zone suffisamment remplie de noirs, devenait d'une licence une barrière, à la jurisprudence qui forçait le Kansas à recevoir, malgré le vote de ses députés, l'impure institution; qui conférait aux planteurs le droit de se transporter où ils voudraient, avec leur troupeau d'hommes comme avec leur meute de chiens, et de n'être régis que par la loi de leur domicile; à quoi tout cela a-t-il abouti? Un jour est arrivé où la contradiction sourde a dégénéré en une éclatante rupture. A la place des États du Nord mettez le Mexique : il sera le jouet débile des mêmes fantaisies arrogantes et brutales, jusqu'au moment où il sera leur proie, pour un prétexte ou pour un autre, pour une infraction quelconque au pacte fédéral, parce que, en chaire, ses moines auront mal parlé de l'esclavage, ou parce que ses habitants auront recélé des esclaves.

L'annexion du Mexique aux États du Sud reconnus, leur alliance offensive et défensive, leur union sous une forme plus ou moins intime, tendraient encore à un autre résultat peu enviable : elles ne feraient que grossir la part de l'Angleterre; car, ne cherchons pas à nous abuser, ce qui se prépare en Amérique n'est pas pour nous. Lord Chatham disait qu'il ne prendrait pas la peine de discuter avec tout citoyen britannique assez aveugle pour ne pas apercevoir l'intérêt de la Grande-Bretagne à l'intégrité de l'Empire ottoman. A notre avis, un dédain égal est dû à tout Français qui ne voit pas l'intérêt de la France à l'intégrité de la république américaine. Celui-là qui nous démentirait ne se rappelle donc pas ce qu'étaient pour l'Angleterre les États-Unis : son trouble-fête dans le Nouveau-Monde, le point obscur de son immense et éblouissante prospérité! En Europe, presque rien ne la gêne, elle trouve l'île de Périm à sa convenance, la saisit et la dérobe au Turc, l'année même où dans un traité solennel elle a fait jurer à toutes les puissances le respect de l'intégrité de cet Empire ottoman; en Amérique, elle a aussi des caprices, elle s'avise de mettre le pied à Saint-Jean de Nicaragua et dans l'île du Tigre : les négociants de New-York tempêtent et crient, il faut déguerpir, et la reine des mers s'exécute, après avoir déclaré par l'organe du *Times* que, tout bien pesé, il n'y a pas de *déshonneur positif*. L'affaire du *Trent* a été la première revanche de la vieille métropole, hier encore si bénigne devant son enfant rebelle, qui semblait venu tout exprès pour la former à l'humilité et à la patience. Il est certain, mathématiquement certain, que l'événement qui scindera en deux nations les États-Unis, aura, pour l'Angleterre, le double avantage d'affaiblir un rival et de créer un vassal[1]. Le rival, mais le rival diminué, continuera à être le peuple industriel, commerçant et marin, toujours objet de suspicion et de surveillance pour sa concurrence sur l'Océan, dans les mers du Japon et de la Chine, pour son contact incommode avec les colonies du Canada, de l'Orégon, de la Colombie, de l'île Vancouver. Le vassal sera nécessairement le peuple issu de l'insurrection; une hostilité commune et solidaire, le besoin d'une protection contre le Nord le rendront tout anglais, et en outre le protecteur-né de cette république agricole se trouvera être son plus fort consommateur, le capitaliste qui lui fera des avances de fonds, le spéculateur qui aura le plus de matières premières à lui acheter et le plus de produits manufacturés à lui vendre, le filateur dont la fabrication absorbe par an 2,260,000 balles de coton contre 6 à 700,000 employées par la

[1] Qu'il nous suffise de citer les paroles que prononçait en 1859 au Sénat américain M. Jefferson Davis, aujourd'hui président de la Confédération du Sud; il était alors partisan de l'Union qui était régie par lui et les siens : « Les enseignements et la philanthropie des Anglais sont pour nous ce qu'était le cheval de bois pour les Troyens, ils recèlent un mal secret. Ils ont pour objet, je crois, la séparation des États, la ruine des États maritimes et manufacturiers, qui sont les rivaux de l'Angleterre, mais non celle des États du Sud, qui contribuent à sa richesse et à sa prospérité. »

France. Peu à peu, sans intrusion violente, par un mouvement naturel qu'accélérera le libre-échange, Londres remplacera New-York dans l'exploitation des États du Sud; le phénomène dont nous sommes témoins se régularisera et s'étendra : avant la guerre, le trafic entre les États-Unis et la France se faisait directement, mais presque exclusivement, pour les huit dixièmes, sous pavillon américain; la guerre survient, le gouvernement fédéral arme tous ses bâtiments et distribue les commandements à ses capitaines au long cours, l'Angleterre recueille le service des transports, et aujourd'hui la plupart des marchandises américaines nous arrivent par la voie anglaise, avec les inévitables retards d'un trajet indirect, toutes grevées des frais d'entrepôt qu'elles ont subis à Liverpool. Si le démembrement actuel se consolide d'une manière définitive, l'avenir verra probablement l'Amérique du Nord se dépecer encore, trois ou quatre républiques, tout au plus rattachées ensemble par le lien diplomatique, s'élever sous l'influence de l'Angleterre, qui, de son établissement militaire des Bermudes, comme d'un promontoire inaccessible, les tiendra en laisse; elle augmentera du Maine le Canada, ou peut-être, après s'être assuré un traité de commerce, rendra-t-elle sa colonie à l'indépendance; elle se contenterait alors de faire la police et d'exercer le monopole de cette mer intérieure qui, depuis les bouches du Saint-Laurent jusqu'à celles du Mississipi, baigne d'un flot non interrompu les plus riches contrées du globe.

Enfin, ne fût-elle pas nuisible, la reconnaissance de la Confédération méridionale serait oiseuse et stérile, elle attirerait la France, et le Mexique à sa suite, dans des querelles qui n'ont pas d'issue.

Les États du Nord, d'abord, s'imagine-t-on qu'ils mettront bas les armes dès qu'un ministre français aura été accrédité à Richmond? S'il est quelque chose de plus essentiel à un peuple que ses frontières naturelles, c'est la liberté de ses débouchés naturels; en dépit des sages règlements du Congrès de Vienne sur la neutralisation des fleuves, l'Allemagne laisserait-elle la Russie s'approprier l'extrémité orientale du Danube? et la Russie à son tour renoncerait-elle sans coup férir à l'accès de la mer Noire? Or, ce qu'on ne peut envisager en Europe qu'à travers la poussière des batailles, un trait de plume, un décret ou un protocole inséré on ne sait où, l'imposeraient d'emblée en

Amérique; plus de vingt millions d'hommes, répandus de New-York aux vallées de l'Ohio et du Missouri, abandonneraient avec une résignation lâche l'empire du Mississipi et de ses innombrables affluents, leur voie principale de communication, leur grand chemin stratégique et commercial, leur entrée dans le golfe du Mexique, l'instrument et le véhicule de leur fortune, l'artère, ou, comme s'exprime un économiste contemporain [1], le *poumon*, qui les fait respirer et se dilater au dehors! Déjà, à deux reprises, les Américains ont montré quel prix ils attachent à la garde exclusive de la Nouvelle-Orléans; pour eux il y va d'une question de vie ou de mort. Dans les premières années de leur émancipation, c'était l'Espagne qui régnait sur le delta du Mississipi; sa faiblesse et son indolence sous Charles IV devaient les rassurer, elle leur avait même conféré le droit d'entrepôt à l'embouchure du fleuve; n'importe, les contestations furent sans intermittence, elles tournaient en conflit lorsque, en 1800, par le traité de Saint-Ildefonse, la Louisiane revint à la France. Les garanties de bon voisinage semblaient plus sérieuses encore : les compatriotes de Rochambeau et de la Fayette n'allaient-ils pas être les bienvenus, n'étaient-ils pas des hôtes amis pour une terre dont ils avaient été les soldats et les libérateurs? Tout fut vain : à l'aspect de la France, tenant dans ses mains puissantes les clefs du Mississipi, la guerre parut aux États-Unis imminente et urgente sous peine d'un suicide national. Washington avait depuis longtemps prévu et accepté la douloureuse éventualité; Jefferson lui-même, le plus Français de tous ces Anglo-Saxons, ne recula pas devant elle, sa condescendance eût été pour la république entière, pour les provinces de l'Ouest en particulier, une irrévocable déchéance. « Il n'y a, écrivait-il à M. Livingston, ministre américain à Paris, il n'y a sur le globe qu'un seul point dont le possesseur soit notre ennemi naturel et habituel : c'est la Nouvelle-Orléans. C'est par là, en effet, et par là seulement que les produits des trois huitièmes de notre territoire peuvent s'écouler, produits que la fertilité du sol doit élever bientôt à la moitié de notre production totale. En nous fermant cette porte, la France fait acte d'hostilité contre nous. Établir un point de contact et de froissement

[1] M. Michel Chevalier, *Lettres sur l'Amérique du Nord*.

perpétuel entre la France et l'Amérique, créer entre eux des rapports aussi irritants, c'est rendre impossible l'amitié des deux peuples. Le jour où la France s'emparera de la Louisiane, elle prononcera la sentence qui la renfermera pour toujours dans la ligne tracée le long de ses côtes par le niveau des basses mers; elle scellera l'union de deux peuples qui, réunis, peuvent être maîtres exclusifs de l'Océan; elle nous contraindra à nous marier avec la flotte et la nation anglaise [1]. » Napoléon, encore Premier Consul, sentit au dernier moment qu'il engageait la France dans une lutte contre la force des choses, il céda aux États-Unis la Louisiane; quels qu'aient été les mobiles déterminants de sa conduite, qu'on puisse ou non lui reprocher d'avoir échangé contre la somme insuffisante de 80 millions une superficie qui dépassait un million de milles carrés, il n'obéit pas moins à cette vérité banale et profonde, dont plus tard il fut trop oublieux dans les fumées du despotisme : c'est que, pour établir la paix entre deux peuples, il ne faut pas commencer par glisser dans leurs rapports mutuels un cas de guerre perpétuel.

Tant d'exemples, tant de mémorables enseignements seront-ils perdus pour notre génération? Les circonstances ne sont plus les mêmes, répliqueront les séparatistes; oui, cela est évident : à la place de la république naissante de 1800, on a devant soi un géant; l'Hercule dont parlait M. Thiers, est sorti de son berceau, les contrées de l'Ouest, les plus intéressées de toutes à la libre navigation du Mississipi, ont transformé leurs déserts et leurs forêts en des ruches d'hommes actifs, ambitieux, audacieux, insouciants de tous les obstacles; et tandis que les États du Nord ont ainsi grandi, le voisin qu'on prétend leur donner à la Nouvelle-Orléans, le suzerain et le tuteur de leur indépendance, ce n'est plus ni l'Espagne ni la France, ce sont leurs révoltés d'aujourd'hui qui seront demain et toujours leurs irréconciliables ennemis !

Par contre, du côté des États du Sud, la situation sera-t-elle améliorée? Eux, du moins, seront-ils contents? Les offenses et injures qui leur

[1] *Jefferson*, par Cornélis de Witt, pages 273 et suiv. — On peut voir également, dans cet intéressant ouvrage, avec quelle intolérance jalouse les États du Sud, dont on voudrait faire les Français de l'Amérique, se sont montrés les plus ardents à faire passer la Louisiane sous *le laminoir anglo-saxon*.

ont paru assez graves pour motiver une insurrection, seront-elles à jamais étouffées? Ils se plaignent de la propagande exercée contre leur institution particulière; ils déclarent qu'avec les prédications et les publications des abolitionnistes ils ne sont plus maîtres chez eux; ils s'irritent du refuge prêté aux fugitifs, des excitations qui sont adressées, de la tentation qui est offerte à leurs noirs, même par le spectacle muet d'une terre libre. Le mal est sans remède; loin de le guérir, leur triomphe ne tendra qu'à l'envenimer. Longtemps, trop longtemps peut-être, par respect pour le pacte fédéral comme par zèle pour l'Union, les États du Nord ont patienté, ils se sont retenus, ils ont traité l'esclavage avec des ménagements excessifs, ils l'ont autorisé, de 1790 à 1860, à quadrupler sa caste, à la porter de 700,000 à plus de 4 millions de sujets. Une fois la scission consommée, ce sera tout autre chose : plus de compromis, plus de bill des fugitifs, plus de merci, plus de pitié; la conspiration reprendra avec une impétuosité accrue de toutes les jalousies et de toutes les rancunes; l'esprit de justice et l'esprit de vengeance mêleront leurs souffles, ils feront perpétuellement remuer et gémir les assises de cette société, assises qui seront de la chair vivante d'hommes garrottés et fustigés. Les États du Sud se défendront au dedans; malheur à l'esclave! Il expiera pour les coupables : contre lui, les lois terribles qui existent déjà dans la Caroline seront déployées; contre lui, la peine de mort à tout propos, pour un mot, pour un signe, parce qu'il aura été trouvé porteur de proclamations ou de brochures qu'il ne saura même pas lire; on le séquestrera de plus en plus, l'isolant de ses semblables, lui refusant le mariage, la famille, l'instruction, la religion, le laissant sans foyer, sans école, sans autel, on s'évertuera à résoudre l'insoluble problème de l'esclavage, qui consiste à faire que la créature marquée au front par le Créateur pour être un homme, continue à l'être par les bras, et cesse de l'être par l'âme. Ce ne sera pas assez : par une fissure ou par une autre, la liberté s'insinuera du dehors; que ce soit la faute de la Providence ou du siècle, de la conscience ou de l'opinion, de l'Évangile ou de la presse, toujours est-il que l'esclavage est fini, il tombera où sont tombées tant d'inégalités plus protectrices ou moins oppressives. Il a suffi d'un chef de bandes comme Rosas, dictateur grossier d'une anarchie tumultueuse, pour ébranler le Brésil; en semant l'insubordination et l'espérance parmi ses esclaves, il a un instant suspendu sur le vaste empire portugais que Montevideo séparait de Buenos-Ayres, la menace d'un nouveau massacre de Saint-Domingue; qu'arrivera-t-il du choc immédiat, quotidien, permanent, des deux grandes Confédérations de l'Amérique septentrionale, qui seront côte à côte, qui se toucheront par tous les bouts, que rien ne divisera, rien qu'une haine incessamment fomentée par l'esclavage?

A moins que les habiles gens qui poussent la France à reconnaître les États du Sud ne la décident subsidiairement à corriger les États du Nord de leurs préjugés abolitionnistes, à inscrire à main armée dans leurs Codes des pénalités afflictives et infamantes pour toute attaque, toute bulle, tout mandement, tout discours, tout article contre la servitude, à s'arroger un droit de visite d'un nouveau genre dans leurs territoires, pour y déterrer les pauvres noirs fugitifs qu'elle restituerait elle-même à la potence de Charlestown, la paix entre les deux Confédérations serait à peine une trêve, la guerre renaîtrait toujours; sous prétexte de fermer une blessure, on aurait ouvert un ulcère; le coton ne reviendrait pas plus sur les marchés de l'Europe, que le travail dans les plaines inquiètes de la Virginie et de la Géorgie; et, comme au demeurant c'est à la liberté, personnifiée dans les États du Nord, qu'appartiennent le nombre, l'industrie, les progrès accomplis ou en germe, l'énergie aventureuse et féconde, la vie, à elle aussi, à la liberté, appartiendra, dans un dernier combat, la dernière victoire!

En résumé, la destruction de l'Union américaine, précipitée ou sanctionnée par la France, froisserait toutes nos maximes, toutes nos traditions, tous nos intérêts; notre devoir est dans une neutralité bienveillante pour le Nord et inflexible pour le Sud : devoir qui s'étend et s'éclaire encore, si nous songeons au Mexique! Joindre à notre expédition actuelle une immixtion quelconque dans le duel qui se poursuit sur les bords du Potomac, ce serait provoquer à plaisir les complications, embrouiller et aigrir deux affaires dont chacune est énorme. Pour la sécurité future de l'établissement que nous hasardons à Mexico, il est à désirer que la guerre des États-Unis porte son fruit : la liberté de l'homme. C'est l'esclavage qu'on retrouve au fond de toutes les calamités présentes comme de toutes les iniquités passées de l'Amérique ! C'est lui qui a envahi le Texas, intimé diplomatiquement à l'Espagne le commandement de ne pas se faire abolitionniste à Cuba, dessiné à l'avance au Mexique quatre grands territoires qu'il se promettait de peupler avec sa matière noire ! C'est lui, l'appétit esclavagiste, qui a vraiment été au Nouveau-Monde le démon de la conquête ! Fasse le ciel que le principe de désordre soit coupé par sa racine; et peut-être quelque repos sera-t-il accordé dans l'avenir à nos fondations mexicaines.

VIII

Ne l'oublions pas : même toute seule, la régénération du Mexique par une monarchie est une expérience assez vaste pour satisfaire la politique la plus active ou la plus agitée; elle a de quoi, durant d'interminables années, solliciter toute l'attention et tout l'effort, détourner une portion de la substance même de la France.

A nos yeux, les difficultés de la tâche ne s'atténueraient pas, alors même que, sans changer la forme du gouvernement, on se contenterait de changer la personne des gouvernants. Président ou roi, il nous faudra toujours, ne fût-ce que par respect humain, soutenir notre ouvrage; les frais d'installation, les répugnances, les rébellions, les embûches du dedans et du dehors ne seront pas diminués; nous n'apercevons guère, à première vue, qu'une différence : au milieu de toutes ses incertitudes, l'essai d'une monarchie laisse luire le vague et lointain espoir que si un jour, à force de peines et de temps, elle entrait sincèrement dans la vie du Mexique et y introduisait un peu de consistance, le rappel de nos troupes serait possible; avec une république, jamais! Nous serions là, condamnés à perpétuité : le vice chronique qui tourmente cette société en poussière y serait invétéré de plus en plus; chaque échéance électorale, chaque renouvellement des pouvoirs présidentiels ramènerait la crise; et la surveillance de l'Angleterre, l'occupation mixte du pays par l'Espagne, qui aurait lieu probablement, empirerait de toutes les brigues et compétitions étrangères les rivalités intestines; le Mexique montrerait l'Europe se disputant autour d'une espèce de rocher de Sisyphe qui nous roulerait éternellement sur les bras.

Cependant, est-ce à dire que nous conseillerions de renoncer à toute tentative d'organisation, de négocier avec Juarez ou avec le premier venu dont le nom s'échapperait de l'urne, d'exiger une réparation pour nos griefs, puis de partir? Nullement; comme l'écrivait ici même une plume éloquente[1] à propos d'une question plus capitale encore, le moindre projet mis en avant aurait le grave inconvénient d'infliger une part dans une responsabilité qu'il convient de laisser tout entière à ceux qui en ont pris sur eux le fardeau. Notre prétention n'est pas de fournir une solution, elle se borne à analyser une situation; or, cette situation, quelle est-elle? Le monde sait par les déclarations de nos ministres et par les proclamations de nos généraux, il sait que la France s'est engagée à ressusciter le Mexique; que le recouvrement d'une créance officielle, de 750,000 francs, n'aurait pas suffi à l'entraîner dans une dépense de plus de 100 millions; qu'elle a eu des visées plus hautes le jour où, malgré les chances les plus douteuses et les objections les plus sérieuses, elle s'est déterminée à traverser les mers, à obérer ses finances, à exposer quelques milliers de ses enfants à la fièvre jaune, aux traits de feu d'un soleil dévorant, aux fatigues obscures d'une course peu retentissante que désormais elle est en demeure de faire honneur à sa parole, au sang de ses soldats, à l'immensité de ses sacrifices. Si notre programme n'était pas rempli, si notre campagne ne devait être qu'une marche militaire de trois mille lieues, si nous nous retirions sans avoir substitué à une république caduque un régime viable, les conséquences seraient incalculables : au Mexique, nous aurions travaillé contre nous-mêmes, nous aurions agi assez pour allumer au cœur de nos ennemis humiliés, non domptés, un inextinguible ressentiment, pas assez pour les réconcilier; les idées dont nous revendiquons le patronage périraient atteintes d'une impopularité mortelle; Juarez ou les hommes de Juarez reparaîtraient der-

[1] *La Souveraineté pontificale et la liberté*, par le prince de Broglie. *Correspondant* du 25 octobre 1861.

rière nous, retrempés par l'épreuve destinée à les emporter; la nation entière serait tombée plus bas que nous ne l'avions trouvée. Ce n'est pas tout encore : la stérilité de notre passage constaterait solennellement notre impuissance politique dans toutes ces contrées; tant de périls affrontés aboutiraient à la confirmation des doctrines de Monroe, à l'accomplissement de la devise : L'Amérique aux Américains! Nous partis, les États-Unis ou désunis n'auraient qu'à entrer, ils seraient les maîtres, ils pourraient impunément prendre possession des postes que nous occupions la veille; nous n'aurions été un instant camper dans la ville de Montézuma que pour y signer la capitulation de la race latine devant les Anglo-Saxons, et de l'influence européenne devant le *Yankee*. Et la France, que dirait-elle à ce spectacle? N'est-ce pas le cas de répéter les avertissements sévères que M. le comte Molé, alors président du Conseil, adressait en 1838 aux députés, pour les dissuader d'une intervention en Espagne, infiniment moins coûteuse et moins dangereuse : « Si vous ne faites en Espagne qu'une excursion, si vous en revenez sans rien laisser après vous, si vous vous retirez comme le flot du sol qu'il avait envahi, la France vous demandera compte des sacrifices que vous lui avez imposés; elle vous demandera ce qu'a gagné l'Espagne aux charges que vous avez fait peser sur elle, et peut-être aux périls que vous lui aurez fait courir. Si vous ne pouvez répondre à la France qu'en lui montrant l'anarchie qui dévore encore la Péninsule, songez à la responsabilité que vous aurez encourue! »

Au moment de conclure, l'esprit s'arrête et hésite devant une alternative également redoutable : une entreprise laborieuse, d'une durée illimitée, d'un succès malaisé à saisir, plus malaisé encore à garder; ou bien un échec tel que nous en écartons jusqu'à la pensée!

La France est volontiers prodigue d'elle-même pour la cause de la civilisation; ce ne sont ni les obstacles ni les distances qui l'effrayent, elle ne demande d'habitude à ses conducteurs que de savoir où ils vont : à la fois désintéressée et positive, alliant au vague de l'imagination un sens pratique qui n'est qu'une des formes de son bon sens proverbial, poursuivant toujours, à travers ses aspirations les plus confuses quelques idées claires, les aventures ne répondent pas mieux à son humeur que la routine; elle bondit hors de toutes les ornières, à la condition de ne pas retomber dans des précipices ou dans des impasses. Cette vocation de notre pays indique la mission de ceux qui le gouvernent : avoir un but, le maintenir invariable au-dessus des accidents qui changent, ne pas laisser flotter et trébucher au hasard les événements qu'on a soulevés, faire produire à ses actions tout ce qu'a décrété sa pensée, n'est-ce pas là, d'ailleurs, le premier devoir comme l'ambition la plus modeste du politique? La France, dans ses longues annales, a beaucoup de ces guerres, où son patriotisme fut satisfait parce qu'il avait servi la Providence et le progrès; elle retrouve sa trace généreuse et féconde aux lieux les plus grands de l'histoire : Jérusalem, Rome, Washington! Ainsi, récemment encore, apparaissaient à nos pères les campagnes de Grèce et d'Alger : à l'image de l'idéal antique qui exigeait pour ses créations plus d'art que de matière, elles fondèrent sans fracas, sans étalage, à peu de frais, une œuvre qui ne périra pas; grâce à elles, un résultat précis et irrévocable, une solution définitive ont été acquis à l'humanité, et, dans nos victoires nationales, les plus indifférents ont senti un triomphe de l'ordre éternel. Nous n'avons rien de mieux à souhaiter à l'expédition du Mexique que de prendre place dans la mémoire reconnaissante de la postérité, à côté de ces deux inspirations magnanimes de la monarchie constitutionnelle qui ont rendu celle-ci une terre barbare à la chrétienté, celle-là une terre chrétienne à la liberté!

PARIS. IMP. SIMON RAÇON ET COMP., RUE D'ERFURTH, 1.

www.ingramcontent.com/pod-product-compliance
Lightning Source LLC
LaVergne TN
LVHW020423230826
846091LV00004B/1389

9782013596640